跟着名师教阅读

《小学语文教学》杂志社 编

江西教育出版社
JIANGXI EDUCATION PUBLISHING HOUSE
·南昌·

赣版权登字-02-2022-093

图书在版编目（CIP）数据

跟着名师教阅读 /《小学语文教学》杂志社编. --
南昌 : 江西教育出版社 ,2022.4（2024.1 重印）
（“小语人”丛书）
ISBN 978-7-5705-2999-5

Ⅰ. ①跟… Ⅱ. ①小… Ⅲ. ①阅读课－教学研究－小学 Ⅳ. ①G623.232

中国版本图书馆CIP数据核字（2022）第029307号

跟着名师教阅读
GENZHE MINGSHI JIAO YUEDU
《小学语文教学》杂志社 编

江西教育出版社出版
（南昌市学府大道 299 号 邮编：330038）

出 品 人：熊 炽
责任编辑：曾 琴

各地新华书店经销
江西省和平印务有限公司印刷
700 毫米 ×1000 毫米 16 开本 15.5 印张 187 千字
2022 年 4 月第 1 版 2024 年 1 月第 3 次印刷

ISBN 978-7-5705-2999-5
定价：56.00 元

赣教版图书如有印装质量问题，请向我社调换 电话：0791-86710427
总编室电话：0791-86705643 编辑部电话：0791-86708350
投稿邮箱：JXJYCBS@163.com 网址：http://www.jxeph.com

阅读教学的根本是什么

阅读教学的根本是什么？这是我们需要首先思考的根本问题。

关于阅读教学的研究文章浩如烟海，数不胜数。我们的前辈先贤以及同仁们做出了艰辛的探索，取得了瞩目的成效。但正因为研究得多了、细了，可能会让我们迷了眼，乱了神，进入“乱花渐欲迷人眼”的境地。我们会不知不觉陷入技术层面的研究，而忘掉了本源性的思考。越是如此，我们越要返身回望，回望起点，回望源头，回望根本。探寻根本就是探寻规律，就是探寻阅读教学的根本大道。

孔子的弟子有子说：“君子务本，本立而道生。孝弟也者，其为仁之本与！”

有子不愧为孔子的得意门生，他思考问题的角度很独特。他认为做人做事都应抓住根本，抓住根本了，做人之道、做事之道自然而然就有了。做人的根本是什么呢？有子认为就是“孝悌”二字。一个人从小具有孝顺父母、敬爱兄长的品性，就有了做人的根本——孝悌。

做人有根本，那么阅读有根本吗？有，我认为“厚积为本”。

大文豪苏东坡在《稼说送张琥》一文中说：“呜呼！吾子其去此，而务学也哉！博观而约取，厚积而薄发，吾告子止于此矣。”成语“厚积薄发”出于此处，出自苏东坡发自肺腑的读书经验之谈。

诗圣杜甫在《奉赠韦左丞丈二十二韵》中说：“读书破万卷，下笔如有神。”唯有读破万卷书的积淀，才有可能达到“下笔如有神”的境界。

《唐诗三百首》的作者孙洙在序言中讲了一句广为流传的名言：

“熟读唐诗三百首，不会吟诗也会吟。”强调的仍然是厚积为本。

新教材强调大量阅读，读整本书，设置“快乐读书吧”，就是传承几千年来母语学习“厚积为本”的经验。

做人有根本，阅读有根本，那阅读教学有根本吗？我认为有。思之再三，我认为阅读教学的根本是“思维为本”，也可以说“思考为本”。其实“思维为本”，就是“语言为本”，因为思维是语言的内核，语言是思维的工具，是思维的载体。

孔子曰：“学而不思则罔。”这可能是对思考最经典、最权威的表达了。阅读教学一旦失去了思考，就彻底陷入了迷惘的糊涂状态。

“学贵知疑，小疑则小进，大疑则大进。”揭示了思考生疑在学习中的可贵，学习如果没有思考，没有疑问，也就不会有任何进步。

恩格斯在《自然辩证法》中写道：“地球上的最美的花朵——思维着的精神”，强调人因为思想而美丽，而伟大。《世界史纲》的作者韦尔斯说过：“整个人类的历史基本上就是一部思想（思维）的历史。”语言、文章靠什么去唤醒人，鼓舞人，打动人？靠的是内在的思想,而不是所谓华丽的辞藻！正因为此,萧统在《文选序》中指出：“老庄之作，管孟之流，盖以立意为宗，不以能文为本。”

统编教材很好地体现了阅读教学的规律，为了让老师们用好这套教材，江西教育出版社编辑出版《跟着名师教阅读》。文集收录了研究专家、教学名师关于阅读教学的代表性论文,涉及阅读教学教材、设计、文体、学生等几个方面，对一线教师有诸多启示。希望文集的出版为探寻阅读教学的规律再做贡献。

是为序。

孙双金

2021 年 11 月 16 日

目　　录

■依托教材特点

■提升设计能力

■具备文体意识

■探索教学策略

依托教材特点

统编小学语文教材不仅承载着小学语文学科的课程目标和具体内容，蕴含着本学科的知识结构和方法体系，也当仁不让地指引着小学语文学科教学未来一段时间改革与发展的基本方向。

统编教材时代的几个基本取向

李　亮

2019年秋季，小学语文全面迈入统编教材时代。统编小学语文教材是特定历史时期国家层面的公共知识产品。它累积了多年以来特别是改革开放以来中国语文教育和语文教材建设的经验，融合了现行多套小学语文教材之长，也凝聚了众多语文教材编写者及教学专家的智慧。该教材不仅承载着小学语文学科的课程目标和具体内容，蕴含着本学科的知识结构和方法体系，也当仁不让地指示着小学语文学科教学未来一段时间改革与发展的基本方向。依据教材和教材编写组专家公开发表的关于新教材解读的文章，我尝试推断新时期小学语文教学的几个基本取向。

一、更加重视立德树人，彰显语文学科育人功能

党的十八大提出“把立德树人作为教育的根本任务”。教材作为法定课程的载体，理所应当旗帜鲜明地以社会主义核心价值观引领编写工作，这是统编教材的指导思想。语文学科有自身的特点，如何将核心价值观渗透进日常教学，而不是仅仅停留在说教的层面，这一直是语文教育绕不开的一个话题。

语文学科承载着人文教育的功能，它不仅教会学生知识，培养学

生能力，还深刻地影响着学生的精神世界和价值观养成，所以将“立德树人”的重要思想贯穿在日常教学中不仅是必要的，而且是可能的。但它的前提是对“立德树人”的“德”有更为深广的理解。习近平总书记 2018 年 5 月 2 日在与北京大学师生座谈时指出：“要把立德树人的成效作为检验学校一切工作的根本标准，真正做到以文化人、以德育人，不断提高学生思想水平、政治觉悟、道德品质、文化素养，做到明大德、守公德、严私德。”这其实是对立德树人的一个很全面的阐释。小学语文教育所立之德，至少包括这样几个层面：

一是国家层面，即接班人教育，涵盖了思想意识形态的方方面面，其最为集中的时代表述就是社会主义核心价值观。英雄人物及其历史功绩为什么被选择进教科书，又是以什么标准来衡量，都需要符合社会主义核心价值观。在这个层面，语文教学的着力点在于“认同”，即让学生对教材中所体现的人物、思想、价值观念，产生价值上的认同。这种认同又必须是“润物无声”的，而不是机械灌输的，是要在学习语言文字的运用过程中逐步内化的。

二是文化层面，培养学生的文化素养。我们的文化传统在这个方面非常突出，比如儒家说的学以成人、仁者爱人、三省吾身，等等，都是希望个体向内追问自我的道德品质，所以李泽厚说儒家重视宗教性私德的养成，通过自我的内省将道德认识固化为道德信念，成为一个求真向善的人。但正如前文所述，总书记提到的“公德”也是非常重要的方面，在今日，一个有文化修养的人，一定也是一个有公共道德，有同情心、同理心，对陌生的他人能表现出高素质、高修养的言行的人。在这个层面，语文教学的着力点在于“继承”，将传统文化中的优秀基因通过教师的教学，让学生在日常言行中继承下来。

三是精神层面，尤其指个体的精神层面。一个具有创新精神的个体必然拥有独立而丰富的精神世界，语文教育要培养学生对价值的认同与继承，但更重要的是要让学生成为一个独立的个人，有属于自己的精神世界。这种“个人”不是一个不顾集体利益的经济人，而是对自己的言行负责，对生活有独立判断能力，不会成为乌合之众的那种“精神高贵的个人”，是具有理性精神的个人，可以用陈寅恪先生题写在《清华大学王观堂先生纪念碑铭》中的10个字概括：“独立之思想，自由之精神。”人文精神说到底就是自由精神，培育自由精神也是语文教育的题中之义，这个层面的教学着力点是“尊重”，要让学生个体在精神上站立起来。

统编教材主编温儒敏先生强调，这种价值观教育要“整体规划，有机渗透”，这种渗透除了表现在教学内容的选择上，也贯穿在教学方式的转变上。比如我们的教学是否调动了学生的积极主动性，学生是否有选择的权利，是否想去做，有兴趣去做。如果有，那他的学习就有自我价值的认同，就有尊严；相反被逼迫而死记硬背，就没有尊严，也就不会形成一个独立的自我。正像温先生所言，在实际教学中，这也许不容易做到，但这是努力的目标。

二、更加关注积累，在日积月累中传承和弘扬中华优秀传统文化

学文如聚沙。“积累”是小学语文教学的重要方面，要积累经典的语料语篇，这一点统编教材在编写上有所突破，尤其在优秀古诗文和经典篇目的数量上，有较大幅度的提升。从小学一年级开始，就编入了古诗，6个年级12册共选入古诗文129篇，平均每个年级20篇左右，占课文总数的30%。除了课文中的古诗文，还有语文园地中的“日积月累”等，加大了优秀传统文化内容选编的比重。这对语文教学中的积累，提出了比较高的要求。

有教师会把积累窄化地理解为背诵，这样的理解并不到位。所谓幼学如漆，小学生的记忆力好，背一些经典非常必要，但作为一种语文学习的方式，积累并非只是背诵。如果将积累简单地看作背诵，那么只是认识到了最基本的一层，就是“语料积累”，作为一种语言材料的词语句段，能认识并了解大意。这个层面的积累是最初步的。

对经典古诗文的积累，还表现在“语感”上。这些经典古诗词的学习，要通过朗读、诵读，体会它的美感，语言的美、音韵的美、意象的美，等等。有些说不清，但“先积淀下来，就会有所感觉”。对语言的亲和力、亲近感，就是在对经典诗篇的朗读诵读中逐步产生的。这种语感的积累，可以加深学生对语义语境的感性认识。小学生学习母语，需要有感性认识，它不是从抽象的语法修辞等规则开始的，感性的积淀对于学生母语能力的培养是非常必要的。积累到一定程度的时候，就会有所体会。

对经典古诗文的积累，积累的还是“文化”。这种文化包罗万象，其中很重要的一点就是人们的认知图式。就是一种看待人与世界与他人的总体眼光，不同的经典诗文，其实都提供了自己独特的认知图式，这些认知图式都经历了时间的考验，不断拓展着后继者的认识边界，这样的一种继承，往往触及了民族精神这个层面，在积累的过程中实现内化与继承。

温先生在谈到古诗词课文教学时提出，最好的办法就是反复诵读，读得滚瓜烂熟。教师不用进行过多的阐释，要求别过高，不必在主题思想、意义价值、艺术手法方面讲太多。可以看出，他非常强调让学生自己读，而不主张教师过多讲解。这是从初学者的角度而言。当学生到了高年级，他们对古诗文有了初步的了解之后，积累还可以有更加积极的形式。学生阅读之后获得的美感体验，可以用不同形式表达出来，并与同学交流。梳理所学的诗人诗篇，开展初步的探究活动，学生的阅读积累就不再是单向的灌输记忆理解感受，也有主动的建构，积极的内化。现代学习论的研究表明，人对知识的理解不是旁观者式的，而是建构的、协商的、参与的。所以，积累也并不都是被动的、接受的，只有内化到学生的认知结构中，才能成为他们的一部分。

三、更加强调读书，在自由的、多样化的阅读中提升学生语文素养

统编教材重视读书的取向，不仅在教材文本中有所呈现，在温儒敏先生发表的言论中更是比比皆是，比如："新教材主治读书少"，"要把培养读书兴趣作为语文教学的头等大事"；他呼吁"语文老师要做读书种子"；他建议，老师要引导学生"连滚带爬地读"，要教给默读、浏览、快读、跳读、猜读、互文阅读的方法，以及阅读一本书，如何进行检索阅读的方法；他指出，教师要反思"语文课有没有引导读书的意识""教学方式是否有利于提升学生读书的兴趣""阅读教学有没有不教或少教读书的方法""课外阅读是否纳入了教学计划""教师是否知道学生的阅读兴趣"，等等。统编教材中"单元导语""语文要素""策略单元""和大人一起读""快乐读书吧"等设计，也都体现了对学生读书兴趣和方法的关注。

在上一轮课改中，全国各套小学语文教材，大多以人文主题组元，对阅读的人文性颇为强调，所以从课内延伸至课外的阅读时，往往采取同主题阅读的编排思路较多（比如市面上可见的各种读本，也大多以人文主题组合单元）。但这似乎是一种思路。统编教材试图探索出另一种思路来，就是从方法的角度打通课内外。教师在精读课文时，引导学生感知阅读方法，然后在略读课文、课外阅读中，不断练习掌握这样的方法，这便是打通课内外阅读的一种实践。

比如三年级上册就编排了阅读策略单元，集中学习阅读中的“预测”策略。教材通过精读与略读课文的呈现，引导学生如何在不同情境的语篇中学习运用预测的方法。但显然，这样的阅读方法在几篇课文的阅读中，并不能真正被学生所掌握，它需要在广泛的课外阅读中，在生活语境中，在不同的情境中加以运用。我们知道，技能的掌握主要依靠变式练习，即在不同情境中都能够正确使用，不仅在结构良好的语境中，在部分内容残缺等结构不良的语境中，也要能够正确运用，才能够成为可靠的阅读策略。因此，对阅读方法的强调，与提倡广泛阅读是一脉相承的。

对于学生读书，课标中有一句表述非常值得注意，即“培养学生广泛的阅读兴趣，扩大阅读面，增加阅读量，提倡少做题，多读书，好读书，读好书，读整本的书”。

统编教材对整本书的阅读也非常重视。但对此我们需要有些辩证的认识。整本书阅读的提出是有现实问题指向的，它指向当下的碎片化阅读，指向做题、分析讲解过度的教学，而相对于碎片阅读来说，整本书阅读更容易让学生沉下心来。读经典的好书，还对学生的文学性、人文性修养的提高及思维的发展有充分的帮助，比如读一本《三国演义》，粗粗地读读情节故事也可以，但要想理解得全面，就需要借助人物和军事集团的关系图谱，来理清其中的线索，帮助理解，这都是对学生阅读方法和能力的训练。当然，碎片化阅读并不都是不可取的，它也有一定益处。有一些读书卡片上的文字写得十分凝练，阅读之后就能够产生阅读原著的兴趣，这样的碎片化阅读也不应被排斥。

此外，教师自己也需要成为读书人，也就是温先生所说的“读书种子”，家长和教师的言传身教是第一位的，这也是“和大人一起读”设计的意图所在。要培养学生的读书兴趣，教师首先要成为一个读书人，要进入学生的阅读世界，教师也需要了解学生喜欢阅读的作品，阅读本身就有涵养精神的价值，带着非功利的心态去阅读，才能培养出真正的阅读兴趣。

四、更加注重语言实践，在学习语言文字的运用中提高学生语文能力

统编教材的编写是基于核心素养的，而素养概念的提出，不仅仅是对语文学科的基本认识的进步，也是基于当下人们对于知识的基本认识。而有两个方面的知识观研究，对理解语文素养和语文教学有重要的意义。

其一是具身认知理论。具身与离身相对，其含义就是人的认识或者人所掌握的知识，不是从一个地方转移到另一个地方的客体，而是在人类参与世界过程中的创造性、生成性产物。脱离我们参与性的行为、实践，知识便不存在。由此我们就应当将知识看作是在参与、行动、实践的基础上，创造、创生出的具有情境性、具身性、复杂性品质的产物。其二是缄默知识论，就是一种可意会不可言传的知识，语文素养就是一种缄默知识。在复杂的语境中，有太多知识是无法言述而需要切身体会的。英国哲学家波兰尼说所有的知识不是默会知识就是基于默会知识的。

这两种知识观是相通的，其核心要义就是人们获取知识需要在实践中，在身体思维情感的参与中，在复杂的情境中，在混沌的背景中，有切身的感受。从混沌中找出秩序，才能成为我们所说的素养。因此，为什么读书要学生自己来阅读，而不能让别人替他嚼碎了喂他就显而易见了。不仅是读书，语文学习就需要教师设计一系列主题式的、项目式的问题和任务，让学生在完成语言实践活动的过程中，有切身的感受。比如辩论、采访、演讲、读书交流以及各种专题性学习，让学

生在阅读、鉴赏、梳理、探究、表达的过程中运用语言文字，此时教师再回过头来介绍一些阅读方法和表达策略，帮助学生弄清楚自己的调查、梳理、研究和传统的学科知识领域之间的联系，并记录下自己的学习经验。这样的语言实践将有助于学生形成语文素养。所以设计合适的语言实践活动，也是语文教学的重要取向。

以上对统编教材的教学理解也许有不少不准确的地方，但是有一个核心意识，即今天的语文教学要站在今天社会文化发展对人的发展提出的新的要求上来理解，要基于学生的精神成长和长远发展，要吸收今天人们对于学习、对于知识的新认识，要站在民族复兴国家富强的角度来思考，如此才可能把握住教学的大方向，走得更远。

阅读策略：为什么教？怎么教？

蒋军晶

2006年，赵镜中教授作为台湾小语会的理事长参加全国第六届青年教师阅读教学大赛，并担任评委。在我们一窝蜂地对获得一等奖的“优质课”习惯性赞美并挖空心思挖掘亮点的时候，赵教授发出了“教课文”还是“教阅读”的追问。教授追问并不是刻意想否定什么，教授追问只是要提供一个新的视角，在这个视角下，很多“优质课”的教学价值需要重新审视。在这个视角下，我们发现，这些“优质课”大多都是在“教课文”,都是侧重让学生学会这一篇文章里的“生字新词”等语文知识，侧重让学生读懂这一篇文章的内容，也就是说，教师所有的努力都是围绕“这一篇”展开的，仅仅是“这一篇”而已。而赵教授希望借由“这一篇”来“教阅读”，也就是在帮助学生读懂这篇文章的过程中习得一些阅读的策略、方法，发展学生的自学能力。

在赵镜中教授“追问”之后，越来越多人开始关注“教阅读”，关注“阅读策略”。这种关注，有的是理论上的探索，有的是实践中的尝试。大家开始思考什么是“阅读策略”。其中，《阅读辞典》是这样阐释的：阅读策略是指阅读主体在阅读过程中，根据阅读任务、目标及阅读材料的特点等因素所选用的促进有效阅读的规则、方法和技巧。这样的关注与实践慢慢也“投射”在教材的编写上。

2019年秋季，全国一至六年级都开始统一使用统编教材，跟以往教材相比，统编教材一个非常明显的改变，就是开始关注“阅读策略”的教与学。

一、特设四个“策略单元”是教材的大胆尝试

这是教材的一个“巨大进步”。我们都知道，语文教材无非是个例子，这个例子可以是让学生体验情感、态度、价值观的例子；可以是学生学习表达、学习写作的例子；也可以是学生学习阅读策略的例子。从这一点来说，统编教材无疑是将教材的“例子”理念往前推进了一大步。以往教材往往更偏向于以人文为主题编排单元内容，而统编教材从三年级上册开始每一个年级安排一个专门的“策略单元”（见表 1–1）。

表 1–1　统编教材四个策略单元的安排分布

单元	策略单元	具体表述	单元导语
三年级上册第四单元	预测	一边读一边预测，顺着故事情节去猜想。学习预测的一些基本方法。	猜测与推想，使我们的阅读之旅充满了乐趣。
四年级上册第二单元	提问	阅读时，尝试从不同角度去思考，提出自己的问题。	为学患无疑，疑则有进。 ——（宋）陆九渊
五年级上册第二单元	提高阅读的速度	学习提高阅读速度的方法。	阅读要有一定的速度。
六年级上册第三单元	有目的地阅读	根据不同的阅读目的，选择恰当的阅读方法。	读书好比串门儿——隐身的串门儿。 ——杨绛

通过梳理，我们发现统编教材安排的这四个“策略单元”，“主题”非常清晰，分别是预测、提问、提高阅读速度和有目的地阅读。一线

教师在带领学生学习“策略单元”的时候，应该努力领会编者意图，教学的重点、难点都应该围绕策略来设定，也就是说，我们在教学“策略单元”时，可以教知识，这是我们阅读教学的基础；可以涉及情感、态度、价值观，这是文本自带的；也可以教表达。但是，有一点必须坚定：教学时，无论是时间的分配，还是教学任务的设计，都得倾向于“策略”，先完成“策略”的教学，然后再兼顾其他。

二、其他单元依旧强调“教策略”

阅读策略不可能只有四种，那么，适用于小学生的阅读策略究竟有哪些？我们对已经发表的相关文献进行梳理，总结出一些阅读策略（见表 1–2）。

表 1–2　学者列举的阅读策略

学者	阅读策略										
祝新华	提问	推理	综合	监控理解		既有知识和经验运用	图像化	预测	找出主旨及重点	联想	作者观点
赵镜中	提问	推论	统整	监控理解		联结	图像化	预测			
王林	问问题	阅读中和阅读后做出推论	整合信息	自我检查是否理解	修正误解	启动背景知识			决定文本中什么重要		

通过梳理，我们发现，除了统编教材中出现的阅读策略之外，专家们提出的阅读策略还包括：推理（推论）、联结（启动背景知识）、

图像化、统整（综合、整合信息）、监控理解、联想、找出主旨及重点等。这些阅读策略什么时候教呢?

其实，仔细阅读并梳理统编教材各年级各单元的“语文要素”，你会发现这些策略已经分散在其他各个单元中了。我们来看几个例子。

如表 1-3 所示，统编教材十分注重“整合”这一阅读策略。整合信息，将阅读过程中一些看似散乱无序的信息综合整理成系统化的信息，是我们在阅读教学中应该帮助学生掌握的一项重要能力。教材编写者将这项策略贯穿在教材的各个年级中，并形成一个由易到难、逐步提升的序列。

表 1-3　教材中阅读策略分布

年级	单元及人文主题	语文要素
三年级下册	第四单元“留心观察”	借助关键语句概括一段话的大意。
三年级下册	第八单元“有趣的故事”	了解故事的主要内容，复述故事。
四年级上册	第四单元“神话故事”	了解故事的起因、经过、结果，学习把握文章的主要内容。
四年级上册	第七单元“家国情怀”	关注主要人物和事件，学习把握文章的主要内容。
四年级上册	第八单元“古代故事”	了解故事情节，简要复述课文。
四年级下册	第六单元“儿童成长”	学习怎样把握长文章的主要内容。
五年级上册	第三单元“民间故事”	了解课文内容，创造性地复述故事。
五年级上册	第八单元“读书明智”	阅读时注意梳理信息，把握内容要点。
六年级下册	第二单元“外国名著”	了解作品梗概，把握名著的主要内容，就印象深刻的人物和情节交流感受。

如表 1–4 所示，统编教材十分注重“找出主旨及重点”这一阅读策略。这一策略，从任务上看更多指向对教材人文主题的感悟，即引导学生体会和感受教材所蕴含的情感、态度、价值观，这是学生在语文学习中应该掌握的一项语文能力。当然，这项能力的形成过程是有方法和技巧的，是讲究策略的：有的是通过关键词的理解体会情感，有的是从语言、动作等细节的揣摩中感受，有的是从表达特点来体会……不同类型的文本会有不同的方式方法，这正是阅读的策略。我们要教给学生的不是文本蕴含了什么情感，人物有什么品质，而是我们要通过什么方式什么方法，去体会去感受这种情感这种品质。

表 1–4　阅读策略的主旨及重点

年级单元	人文主题	语文要素	达成方法
三年级下册第二单元	寓言故事	读寓言故事，明白其中的道理。	对故事人物进行比较
四年级上册第六单元	童年生活	通过人物动作、语言、神态体会人物的心情。	抓住人物动作、语言、神态
四年级下册第一单元	田园生活	抓住关键语句，初步体会课文表达的思想感情。	抓住关键语句
四年级下册第七单元	人物品质	从人物的语言、动作等描写中感受人物的品质。	抓人物的语言和动作等描写
四年级下册第八单元	童话故事	感受童话的奇妙，体会人物真善美的形象。	抓住童话的奇妙之处
五年级上册第六单元	舐犊之情	体会作者描写的场景、细节中蕴含的感情。	抓住场景和细节描写
五年级下册第一单元	童年往事	体会课文表达的思想感情。	抓主要事件
六年级上册第四单元	小说	读小说，关注情节、环境，感受人物形象。	关注情节、环境
六年级上册第六单元	保护环境	抓住关键句，把握文章的主要观点。	抓住关键句

如表1–5所示，统编教材十分注重“既有知识和经验的运用”这一阅读策略。对于学生来说，阅读活动都是在已具备一定的相关经验的基础上进行的，比如生活经验，比如已有的阅读经验、已掌握的相关资料等，都可以作为学习的基础。统编教材中，这一策略的教学更多体现在借助相关资料帮助阅读理解，从教材相关单元的语文要素设置上可见一斑。

表1–5　阅读策略的既有知识和经验的运用

年级单元	人文主题	语文要素	达成方法
五年级上册第四单元	家国之殇	结合资料，体会课文表达的思想感情。	结合查找的资料
五年级下册第二单元	古典名著之旅	初步学习阅读古典名著的方法。	借助资料、电影、电视剧等
六年级上册第八单元	走近鲁迅	借助相关资料，理解课文主要内容。	借助相关资料
六年级下册第四单元	志向与心愿	查阅相关资料，加深对课文的理解。	查阅相关资料

除了以上列举的三种阅读策略外，“联想、图像化、监控理解”等阅读策略在统编教材中也都有体现。

三、教策略时要教更具体的方法

“卓越阅读者＝阅读量＋阅读策略”的熟练运用，这一点已经慢慢成为很多人的共识。

阅读策略是学生为了达到某个阅读目的所采取的一系列阅读方法和技巧。从逻辑关系上分析,“策略”这一概念更“上位”,更有概括性，

“方法”要具体一些，而技术是最“下位”的概念。以“预测”为例，“预测”是策略，“联系上文、根据插图和生活经验预测”是具体方法，“将预测的结果写在文章旁边或便利贴上，将依据用横线画出来”是技术。

我们在教阅读策略的过程中，一定要指导学生学习并运用策略下面的方法甚至技术。

那么，和“阅读策略”关联的“阅读方法”如何确定呢？

一方面是从“课文导语、课文旁注、课后问题”以及语文园地里的“交流平台”中提取、整合。因为教材编写者会将一些实用的阅读方法在这些地方呈现出来。

以四年级上册“提问单元”为例，这个单元安排了四篇课文：《一个豆荚里的五粒豆》《蝙蝠和雷达》《呼风唤雨的世纪》《蝴蝶的家》。前面三篇课文“课前导语”和“课后问题”的表述文字非常明确地告诉学生——要学会从不同角度提问。

再以五年级上册“提高阅读速度”单元为例。教材在“课后问题”“交流平台”等多个地方呈现了提高阅读速度的具体方法：“读的时候集中注意力，遇到不懂的词语不要停下来，不回读”“尽量连词成句读，不要一个字一个字地读”“借助关键词语，用较快的速度默读”“带着问题读”“扩大阅读视域”等。

另一方面，教师也要结合自己的阅读经验提供给学生“听得懂、记得住、用得上”的阅读方法。

例如“提问单元”里教如何根据全文提问，教师如果仅仅告诉学生，提问的时候可以针对全文进行提问，学生肯定还是不会提问。怎么办呢？我们具体看课文《一个豆荚里的五粒豆》的案例。

第一步：

出示课后问题清单针对全文提问的一个问题：掉到水沟里的那粒豌豆真的是最了不起的吗？

探究：

①这个问题是对什么产生疑问？

②要知道水沟里的豌豆是否最了不起，需要了解哪些内容？（这粒豌豆的经历、其他豌豆的经历，进行比较。）

③像这样的问题，要找到答案就必须通读课文，对故事中的人物进行比较。抓比较是针对全文提问的一个好方法。

④练习：运用抓比较的方法，引导学生对学过的《方帽子店》这篇课文，抓住方帽子和圆帽子的对比提一个针对全文的问题。

出示另一个问题：伴随着豌豆苗的成长，为什么小女孩的病就慢慢好了呢？

继续用“探究例子＋实践练习”的方法，明确抓前后的发展变化也是针对全文提问的一种方法。

第二步：

微课拓展：了解针对全文提问的其他方法，如抓收获、抓主要内容，加上适当的提问句式等。

第三步：

运用方法，实践操作。默读课文，用上学到的方法，小组讨论，提出一个针对全文的问题，写在问题卡上。从而深化本课所学的提问技巧和方法。

再例如，教“不影响理解”“帮助理解”“引发思考”三个层次提问，就要通过教学引导学生明白“不影响理解的问题”往往在文章里找不到答案，可以用“什么”来带出；“帮助理解的问题”往往在文章里能找到答案，可以用“为什么”来带出；“引发思考的问题”往往文章里也找不到答案，可以用“怎么”来带出。

这样教策略，策略就变成具体的可知可感可用的方法，就真正把教和学落到了实处。

四、教过的策略一定要找机会让学生反复练习

阅读策略是一系列的阅读方法和技巧，掌握任何技巧都离不开反复练习，所谓“熟能生巧”，阅读策略也一样。所以，教学时不能停留在学生已经了解知道的层面，而是应该让学生反复练习，然后熟练运用。

例如三年级上册的预测单元，教材的编排就体现了这一理念。预测单元安排了《总也倒不了的老屋》《胡萝卜先生的长胡子》《不会叫的狗》三篇文章，根据所给材料的特点，三篇文章对预测的教学侧重点是有所区别的。

第一篇是“完整的文本”，编者通过旁注的方式进行了预测示范，教学时我们不是让学生根据旁注再来猜一遍故事情节的发展（事实证明，有些老师是这么教的），而是应该引导学生通过分析教材的示范，了解预测的方法，了解如何有依据地进行预测。比如可以针对题目来预测、可以根据插图进行预测、可以联系自己的生活经验来预测，还可以联系上文,根据文字细节来预测。教学中,教师可以提这样的问题:“课文为什么这么预测呢？他的依据是什么？”来引导学生思考。

后面两篇文章都是不完全文本（故事没有结局），教学的重点是用第一篇文章中所学方法进行预测练习，预测故事的结局。

但是，要真正掌握预测这项阅读策略，只是在一个单元里练习也还是不够的，我们要创设机会让学生反复练习。教材也通过“课后习题”“交流平台”传达了这一理念。例如《胡萝卜先生的长胡子》课后出示了一些文章和书的题目，要学生“读读下面这些文章或书的题目，猜猜里面可能写了些什么”；交流平台中也出现了“我在图书馆里找书看时，会先看标题，猜猜书的大致内容，再决定要不要看这本书”这样的交流内容。这就告诉我们，“预测”这一阅读策略的练习，

要从课内引向课外，从单篇引向整本书。

再例如“提高阅读速度”单元,其中一个方法就是“带着问题阅读”，只在一个单元、一课中练习肯定不够，那其他什么时候练呢？平时的作业练习、测查等都是练习这种方法的最好机会。

五、关于策略、方法、技术，还可以进一步梳理

当下语文界对阅读策略的认识和研究还不成熟，还存在争议，因此，统编教材中涉及的阅读策略有些也待进一步梳理。

先来讨论“有目的的阅读”和“提高阅读速度”。前文已经提到，祝新华、赵镜中、王林三位学者曾经对阅读策略都有过梳理，我们比对之后，发现三位学者都没有提到“有目的的阅读”和“提高阅读速度”,那么“有目的的阅读”和“提高阅读速度”是阅读策略吗？“有目的的阅读”就是根据问题来选择阅读内容和方法，这个表述几乎可以成为“阅读策略”的概念阐释，这是不是意味着“有目的的阅读”太宽泛了？再来说“提高阅读速度”，以前我们强调的是默读、浏览、扫读……这些都是具体阅读情境中的阅读方法，虽然客观上提高了阅读速度,但“快速”两个字没有直接在名称中出现。现在,“快速阅读”强调了“快速”两字,会不会导致学生将速度作为阅读的最重要追求？要知道，快速阅读虽然要求阅读要有一定速度，但快速阅读并不是一扫而过，草草看一遍，而是在一定速度的基础上得到自己想要的信息。

再来讨论“批注”。统编教材是将“批注”作为阅读策略提出的，可“批注”是阅读策略吗？很多人认为批注只是阅读技术。批注就是在文章旁边“写字”,写什么内容呢？可以预测、质疑,也可以抒发感想、写概要，所以它是预测、提问、综合、找出主旨等策略的技术。这种说法有没有道理呢？

再来思考提高阅读速度中的“扩大视域”。很多人认为它更多是技能层面的，而教材把它作为一种“阅读方法”显性地教，这有没有意义呢？很多研究表明，阅读视域的扩大，依赖于经常性的高频率的阅读，读得多了，阅读视域自然而然就会扩大。读得少，你教他怎么扩大视域毫无意义。这就像短跑教练，会教运动员怎么摆臂，怎么蹬腿，但不会教运动员怎么增加肌肉爆发力，因为讲了也没用，爆发力的提升是在平时高强度练习中实现的。这样的质疑有没有道理呢？

有人会觉得纠结于这些概念意义不大，但有的时候概念的厘清有助于实践的深入。统编教材人文主题和语文要素双线并行的编排思路，以及对阅读策略的重视，与原先教材相比，无疑进行了大胆创新，但这样的创新还需要接受实践的检验，还需要接纳质疑讨论，讨论会加速进步。

在类文比较阅读中落实单元语文要素

李伟平

统编教材四年级下册第四单元以作家笔下的“动物朋友”为主题编排了《猫》《母鸡》《白鹅》三篇动物散文。课后都安排了比较阅读，主要有两种形式：一种是不同作家对于同一写作对象在内容和形式方面的比较，一种是同一作家对不同写作对象在内容和形式方面的比较。这些比较阅读的目标都指向单元语文核心要素“体会作家是如何表达对动物的感情的”。本文以《猫》和《母鸡》为例，谈如何在比较阅读中落实单元语文要素。

一、为何比——挖掘比较阅读的育人价值

传统的语文教学往往局限于“一篇课文”，类文比较阅读则超越了“这一篇”的局限，不再仅仅学“这一课、这一段、这一句、这一词”，而是在“类文、类段、类句、类词”的学习中准确把握文本的本质特征，加速对知识的消化、迁移和运用，完整地构建知识和方法结构，形成触类旁通的阅读“结构”意识。

比较阅读是在纵向阅读与横向阅读中对比读物内容和形式上的相同点和不同点，更清晰地认识读物特征的阅读。在比较阅读活动中，学生对阅读材料必须经过一个由现象到本质、由特殊到一般的思考认

识过程，才能达到阅读的目的。因此，比较阅读可以改变学生单一的阅读方式，引导学生的思维向多层次、多维度发展，使学生的思维灵活而具创造性，开阔而具深刻性。

比较阅读从一文向一类进行归纳总结、迁移运用和拓展提升，从而生成新的发现，形成更系统、全面的语言认知，获得更丰富、深刻的情感体验，产生更多元的思维，这一过程能切实提升学生阅读的效能。

二、比什么——品析比较阅读的比较内容

（一）带有口语和蕴含感情的字词

字词是文章大厦的砖瓦。《猫》和《母鸡》字词运用精确妥帖、妙趣横生，其中带有口语色彩和感情色彩的字词特色鲜明，值得玩味。

（1）带有口语色彩的词语。

老舍先生在文中运用了大量带有京味口语色彩的词，这些词生动活泼又通俗易懂，散发着浓郁的地方生活气息。例如《猫》一文中的方言词“暖和”“成天”“钟头”;《母鸡》一文中的儿化和方言词“身儿”“顶尖锐”“顶凄惨”。这些词读起来让人感到亲切舒服，仿佛在唠家常一般。老舍先生的京味语言还表现在善用短语，并常常带有语气词方面。比如《猫》一文中“说它老实吧，它的确有时候很乖”，《母鸡》一文中“听吧，它由前院嘎嘎到后院……”，这两句话中的语气词“吧”分别把作者对猫性格琢磨不透、对母鸡叫声讨厌的语气情态惟妙惟肖地传达了出来。

（2）蕴含感情色彩的词语。

两篇文章中描摹动物状态、特征的形容词具有很大的主观性和强烈的感情色彩，感染力强。作者形容猫的词语是“古怪、可爱、好玩、淘气”，形容母鸡的词语是“负责、慈爱、勇敢、辛苦”。这两组词都

能体现出作者对动物的喜爱之情，但又有差别：对猫的喜爱中怀有偏袒、疼爱和溺爱，其中“古怪”一词看似嗔怪，其实是用反语在表达喜爱；对母鸡的喜爱中怀有深深的敬意和钦佩。作者用“丰富多腔、长短不同、粗细各异、变化多端”描写猫的叫声，用“细声细气、颤颤巍巍、如怨如诉、尖锐凄惨”描写母鸡的叫声。这组词的共同点是：一般用于形容人讲话或唱歌时发出的声音，文中用来形容动物的声音。这组词的不同点是：首先感情色彩的不同，形容猫叫声的词语充满喜爱、愉悦的情感，让人感受到猫在作者眼中简直是一位歌唱家，嗓音丰富而变化极多；形容母鸡叫声的词语则充满厌恶的情感，让人感受到鸡鸣声的语调怪异。其次是描写范围的不同，“丰富多腔、变化多端”是对声音特点的概括，其他是对声音特点的具体描绘。

（二）运用修辞和藏有细节的句段

作者描写动物没有从外形入手，而是选择了动物的习性，并且运用对比、拟人和夸张等丰富而恰当的修辞手法来描绘生动的画面。这样的语言对学生来说是富有新鲜感的，不仅语言的内容新鲜，而且语言的形式新鲜。对学生而言，这些新接触的、鲜活的句段很值得学习积累和模仿借鉴。

（1）含有对比描述的句段。

作者写猫的“古怪”，主要运用的句式是“说它……吧，可是……”。这里的“可是”表示转折之后的对比和强调，是作者的一种美妙独特的抒情。作者用一个个“可是”，在对比中写出了猫老实、贪玩又尽职，温柔又沉默，胆怯又勇猛的矛盾性格的内涵。作者写母鸡，没有运用“可是”，却也暗含对比，如通过不反抗公鸡和欺负鸭鸡的对比表现其欺软怕硬的性格。从全文看，作者对母鸡的态度是前后不同的，开始的“一向讨厌”和最后的“不敢再讨厌”形成了强烈的对比，表达了对母爱的赞颂。对“对比式描述”进行比较阅读，有助于学生全面了解“对比”这一表现手法的丰富样态，并能深刻感受运用“对比”来抒发主观情感，增添文章情味的表达效果。

（2）运用拟人修辞的句段。

拟人化的描写切合儿童心理特点，能激发儿童的学习兴趣和欣赏趣味。作者成功运用了拟人化的修辞手法，使猫和母鸡的一举一动都具有人格化的意味。如文中写猫“成天睡大觉，无忧无虑，什么事也不过问”，“过问”一词让读者感受到作者把猫当成了重要的家庭成员，它本该参与家庭事务，而此时却不管不顾，自个儿图舒适安逸去了。写母鸡下蛋，“恨不能让全世界都知道它这点儿成绩，就是聋人也会被它吵得受不了”，“成绩”一词让读者感受到在作者眼里，母鸡就是一个特爱显摆、特爱炫耀的人，有一点小功劳就喜欢满世界嚷嚷；“聋人也受不了”则运用了夸张手法，写出了作者对母鸡厌恶又摆脱不了的无奈。文中这种颇具特色的拟人化表达比比皆是。读着课文，我们仿佛穿过了长长的胡同，来到了老舍先生家的四合院，听他述说着某个家人的故事。

（3）藏着细节描写的句段。

细节描写是记叙性作品中最具表现力的手法。这两篇文章中的细节描写细腻而生动，作者用极精彩的笔墨把猫和母鸡写活了，其中动词运用更是精当传神。比如，“用身子蹭你的腿，把脖子伸出来让你给它抓痒，或是在你写作的时候，跳上桌来，在稿纸上踩印几朵小梅花”。又如，“它立刻警戒起来：歪着头听；挺着身儿预备作战；看看前，看看后，咕咕地警告鸡雏马上集合到它身边来”。“蹭腿、伸脖子、抓痒、踩印小梅花”这些细节既写出猫对老舍的温柔与依恋，又写出了老舍对猫的宠爱与怜惜，勾勒了一幅“猫黏人，人爱猫”的和谐画面。“歪着头、挺着身儿、看看前、看看后、咕咕地警告”这些细节把一位负责的鸡妈妈警戒的样子写得栩栩如生，寥寥几笔描绘出一幅蕴藏浓浓母爱的“护崽情深图”。

（三）整体纵向和局部横向的篇章结构

篇章结构是指对文章选材、整体结构和表现手法等方面的比较。对篇章结构的比较既要着眼于整体布局的了解，也要探求段落之间的联系，这样才能体悟到作者谋篇布局的独特匠心，才能感受到作者行文思路的条理性和连贯性。

（1）纵向式的整体布局。

从整体布局看，《猫》和《母鸡》篇章结构的形态基本相似，两篇文章中都有链接和显示篇章结构的关键句子。《猫》以“猫的性格实在有些古怪”开头，以“这种古怪的小动物，真让人觉得可爱”总结并过渡到“满月的小猫就更好玩了”;《母鸡》以“我一向讨厌母鸡”开头，以“可是，现在我改变了心思，我看见一只孵出一群小雏鸡的母鸡”过渡，以“我不敢再讨厌母鸡”总结全文。抓住这些关键的总起句、过渡句和总结句进行比较，就可以发现两篇文章都属于纵向式结构。《猫》属于纵向递进式的结构，作者是根据对猫喜爱程度的加深来安排内容的，第 5 自然段的过渡句是全文的中心句。《母鸡》属于纵向转折式的结构，作者是根据对母鸡情感的变化来安排内容的，开头贬低母鸡是为了后文褒奖母鸡，运用了欲扬先抑、前后呼应的表现手法，加深了作者对母鸡的赞颂之情。

（2）横向式的局部结构。

从局部结构看，两篇文章分述的内容按照先总后分或先分后总的结构展开描述，在意义上互不从属，属于横向并列结构。写大猫的性格，作者先提纲挈领地点出“古怪”，再从“捉摸不定的行止，或喜或忧的情绪，亦大亦小的胆量”三方面选择“睡大觉、出走、捉老鼠、蹭腿抓痒、踩印小梅花、斗蛇”等具体事例承转自如地展开分述。写母鸡的讨厌，作者先开门见山地表明“讨厌”，再从“无病呻吟的叫声，欺软怕硬的行为，爱炫耀的个性”三方面选择“嘎嘎乱叫、欺侮鸭子、狠咬母鸡、下蛋发狂”等具体事例条分缕析地进行分述。写母鸡的伟大，作者并没有先声夺人地总写伟大，而是先写母鸡警戒、喂食和教育鸡雏的具体事例，再画龙点睛地总结鸡母亲的负责、慈爱、勇敢和辛苦。作者的分述层次井然、脉络分明，选材精当，善用具体事例表现动物的特点，给人流畅丰满的美感。

三、怎么比——选择比较阅读的比较策略

（一）归类

归类，指在学习过程中，有意识地发现阅读材料在内容、结构和形式等方面的相同元素。在类文比较阅读中，首先教师头脑中要有“类”，其次要培养学生有意识地选择文本中的内容进行归类的意识，否则就会弱化“类文本”的育人价值。

比如散落在两篇课文中的带有口语色彩的词，看上去是极其普通，学生很难发现它们的共同点。教学中教师应有意识地启发学生说一说这些词在规范的书面语中该如何表达，并通过板书直观地显示两种不同的表达：

暖和	成天	钟头	身儿	顶尖锐	顶凄惨
温暖	整天	小时	身体	十分尖锐	非常凄惨

找到书面语的近义词后，可以把课文中的口语词替换成书面语词读一读，在朗读中透过一个个貌似平淡无奇的词语，感受老舍先生善用方言和儿化来叙事抒情的语言风格。文中带语气词的短语也须随之呈现，运用删除的方式在对比朗读中让学生体会群众性口语中短语和

语气词的表达效果。这样，学生便会从方言、儿化、短语和语气词四方面进行归类，实现对口语词的“类”认知。

（二）结构

结构，指在“类文本”阅读过程中及时概括、提炼和总结，形成相应的认知结构和方法结构，知道这一类文章大多采用怎样的布局结构、怎样的表达方式、怎样的语言风格以及学习此类文本应采用怎样的学习方法。

通过词语、句段和篇章的比较，学生对动物散文类叙事性作品的文体特征、学习方法会有很多感性的认识，结构会让这种感性的认识变得理性。教学中每一块内容比较之后，应带领学生梳理相应的知识与方法,形成相应的“类”认知和“类”方法。这些“类”认知和“类”方法组合起来能促进学生形成阅读动物抒情散文的“类”结构。比如关于词语、句段和篇章的知识结构为：京味口语——方言 + 儿化 + 短语 + 语气词，形容动物的词——情感不同 + 描写范围不同，生动的句子——拟人 + 对比 + 夸张，生动的画面——具体事例 + 细节描写，清晰的篇章结构——总起句 + 过渡句 + 总结句。关于阅读的方法结构可以概括为:“绘制导图理线索，字里行间品情感，想象画面入其境，句段篇章归类比，迁移运用学表达”。这样的阅读梳理不再是某个零碎的语文知识和技能的学习，而是更加关注知识、学法和能力间的内在联系，便于学生在今后阅读此类作品中“举一反三”。

（三）图像化

图像化阅读策略能发挥视觉学习模式的优势，帮助学生完成文本的整体建构。在比较阅读中运用图像化策略,将“类文本”转化成“类图像”，有助于突破比较中的难点。

初步把握文章的主要内容，是中年段的一个重要阅读目标，而散文又具有“形散而神聚”的特点。故而，对四年级学生来说，理清散文的脉络，整体感知和把握散文的内容与结构是难点。教学中可以通过师生合作的方式，提取文本关键信息，绘制篇章结构图（如图 1–1）：

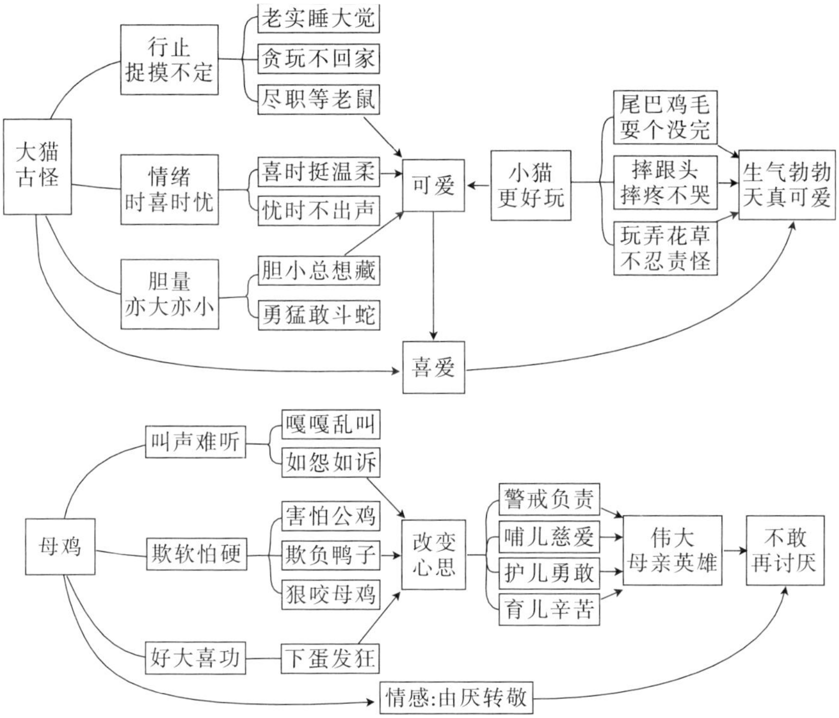

图 1–1　篇章结构图

这样的结构图直观形象，既关注部分又放眼全局，是文章浓缩的语言。通过两图的比较，学生很容易在脑海中建构课文的整体模型，能够准确地紧扣散文的“神”（情感），感知散文的“形”（内容与形式），揭开文章表达的秘妙。图像化策略增强了学生与文本的互动，让学生在直观化、显现化的比较中学梳理、学方法，长思维、长能力。

（四）迁移

归类、结构和图像化三种学习策略，均服务于学生的归纳性思维的培养，而从迁移开始便进入了另一个阶段的思维进程，即演绎性思维。学生在课堂中习得一定的文本认知结构和方法结构后，需要不断验证、巩固，才能转化为能力和素养。

这组“类文本”文笔生动，语言精美，情趣盎然，包含情感的语句俯拾皆是，教学中可先指导学生比较阅读一组运用拟人修辞或藏有细节描写的“类语段”，关注学习方法的渗透和提炼，然后指导学生继续品读文本，寻找文本中类似的语段，并运用刚刚总结的学习方法结构展开阅读，在活学活用中实现思维和能力的触类旁通。在演绎思维的过程中学生及时迁移运用学法，不断验证通过归纳得出的结论，在自己原先的认知结构中实现顺应或同化的心理机制。

（五）转化

在比较阅读中，运用转化策略，可以帮助学生在阅读要素和习作要素之间走一个来回，借助高效的理解，高阶的思维，达成高质量的表达。

本单元的习作要素是“写自己喜欢的动物，试着写出特点”。喜欢小动物似乎是每一个孩子的天性，教学中可以让学生从课文中提取相关语句或者模仿课文的语言选择一个话题，写一写自己熟悉的小动物的特征，如古怪的小狗，贪玩的小狗，温柔的小狗，勇猛的小狗，天真的小狗;或者可爱的小鸡，有趣的小鸡，淘气的小鸡，骄傲的公鸡，胆大的公鸡等，甚至还可以尝试转化图像化策略来编写本单元的习作“我的动物朋友”的提纲。运用转化策略,可以有效地打通读写的壁垒，实现阅读要素和习作要素的双向滋养。

落实语文要素的三个注意点

刘仁增

统编教材人文主题与语文要素双线并进的编排思路，使得语文要素成了引人注目的高频词。准确理解和把握语文要素，成为教好统编教材的关键。

一、语文要素里藏着教学标准

一篇课文、一堂课、一个知识点要教到什么程度才算达标，教师必须清楚，否则，缺位、失位或越位就不可避免。统编教材的“语文要素”使用了行为动词来描述所要达成的教学标准，可参照布鲁姆的认知领域目标层次分类理论加以解读。

①识记，就是对已有知识、信息的记忆。如“初步认识会意字、形声字，了解汉字偏旁表义的构字规律”（一年级上册）、“积累词语和古诗”（二年级上册）、“读寓言故事，明白其中的道理”（三年级下册）等，常用“认识、寻找、积累”等行为动词。

②领会，就是用自己的语言解释信息，把握知识材料意义，行为动词是“了解、理解、感受、体会”等。如“体会作者是如何表达对动物的感情的”（四年级下册）、“了解文章是怎样点面结合写场面的”（六年级上册）等，可借助转换、解释、批注等手段表明对知识内容

的领会。

③应用，以识记和领会为基础，是较高水平的理解，强调把知识运用到新的情境中，解决实际问题，行为动词是“运用、把握、概括、复述”等。如“积累并运用表示动作的词语”（二年级上册）、“阅读时注意梳理信息，把握内容要点”（五年级上册）等，必须强化语言迁移、知识运用的读写活动设计，提高学生的语用能力。

④分析，就是对整体知识进行合理分解，发现部分之间的联系与区别，加深对内容结构、语言组织的认识，多用“发现、猜测、比较”等行为动词。如三年级上册的“一边读一边预测，顺着故事情节去猜想”，要依据文题、插图、情节、内容甚至是表达特点等因素进行分析和推断；二年级下册的“根据课文内容，谈谈简单看法”，要对《寓言二则》中的养羊人和农夫发表意见，对《小马过河》课后练习的观点谈个人的看法及理由。

⑤综合，是将知识的各部分重新整合，形成一个新的整体，体现创新意识和创造能力，“创造、归纳、提出、形成”是行为动词。如“了解课文内容，创造性地复述课文”（五年级上册）、“学习整理资料的方法”（六年级下册）等，都指向信息的统整、聚合，以深化阅读理解和情感体验。

⑥评价，是指根据一定标准，对文本的材料、内容、人物、语言等方面做出价值判断，行为动词为“交流感受”“说说好处”等，一般出现在高年级。如六年级上册第一单元语文园地“体会下面句子（排比句）的特点，说说这样写的好处”、《桥》的“小说最后才点明老支书和小伙子的关系，和同学讨论这样写有什么好处”，是语言写作的评价；六年级下册的“了解梗概，把握名著的主要内容，就印象深刻的人物和情节交流感受”，是对人物塑造和情节加工的评价。

二、语文要素不一定就是“单元统领”

围绕语文要素进行单元编排，是统编教材的一大特点，其单元呈现方式一般为：导语明示语文要素，课文的学与用落实语文要素，“交流平台”梳理提炼语文要素，有些“词句段运用”“口语交际”“习作”迁移运用语文要素，它们之间环环相扣，相互配合，形成一个单元整体。但也不是所有单元都是如此。因为阅读、习作、口语交际都有其自身相对的独立性和系统性、逻辑体系和发展规律，无法都用统一的语文要素来统揽。因此，语文要素主要针对讲读课文，不一定适合其他内容。一般来说，与语文要素不一定相关的主要有三类：

一是古诗词。古诗词往往语言凝练，情感丰富，意象生动，与语文要素并不搭界。比如四年级上册第七单元的《古诗三首》由《出塞》《凉州词》《夏日绝句》组成，哪一首都无法与“关注主要人物和事件，学习把握文章的主要内容”的语文要素联系起来。六年级上册第六单元的《古诗三首》由《浪淘沙》《江南春》《书湖阴先生壁》组成，无论你怎么教，都不可能帮助学生“抓住关键句，把握文章的主要观点”吧？因此，古诗词教学要根据古诗的文体特点和教学要求，教出古诗的味道来。

二是口语交际。口语交际大多以交际功能为主要线索来编排，往往以生活类、讨论交流类为话题，不一定都以阅读为基础。像四年级下册第一单元口语交际“转述”与语文要素“抓住关键词句，初步体会课文表达的思想感情”；五年级上册第一单元口语交际“制定班级公约”与语文要素“初步了解课文借助具体事件抒发感情的方法”；六年级上册第二单元的口语交际“演讲”与语文要素“了解文章是怎样点面结合写场面的”，第四单元“请你支持我”与“读小说，关注情节、环境，感受人物形象”，等等，两者之间相差十万八千里。如果我们硬把毫无瓜葛的两个内容来个“拉郎配”，其结果只能是既教不好口语交际，又无法落实语文要素。

三是习作。统编教材中写景类课文单元较多，如三年级上册第二单元“金秋时节”、第六单元“祖国河山”，三年级下册第一单元“动物植物”、第七单元“大自然的奥秘”，四年级上册第一单元“自然之美”，四年级下册第一单元“田园生活”，五年级上册第七单元“四季之美”，五年级下册第七单元“异域风情”，六年级上册第一单元“触摸自然”，如果都让学生练习写景，显然不适宜。因为对于小学生来说，写景比写人、写事在材料选择、语言组织、篇章构思等方面都要难很多。所以，统编教材有的习作练习就与单元内容不是很一致。当然，最为明显的要数阅读策略专题单元，四年级上册的提问策略单元，习作是“小小‘动物园’”；五年级上册的提高阅读速度策略单元，习作是“‘漫画’老师”等，就不必强求两者的融合了。

三、语文要素不是单元教学的唯一目标

如果说一个人的语文能力是一座富丽堂皇的大厦的话，那么，能力形成所需要的知识就是不可或缺的建筑材料。其中，基础性知识相当于结构材料，发展性知识相当于装饰材料，都是语文素养培育所不可缺少的，因此两手都要抓，两手都要硬。

但是，语文要素的强劲推出、不断强调，很容易让一些教师产生这样的错误认识：抓住语文要素是硬道理，只要落实了语文要素，一切就大功告成。殊不知，语文要素是发展性目标，虽然重要，但像拼音、字词句、朗读等基础性知识也要牢固掌握。正确的态度应该是，落实语文要素却不排斥语文基础知识、基本技能的扎实训练，这就需要有效协调、平衡基础目标和发展目标。我们认为，统整、融合无疑是最

佳途径。

以四年级上册第四单元《普罗米修斯》一课为例。单元语文要素是“了解故事的起因、经过、结果，学习把握文章的主要内容。感受神话中神奇的想象和鲜明的人物形象”。这是发展性目标。此外，还有一些基础性目标：识字写字方面，要求会认、会写的生字；词语理解方面，普罗米修斯等众神要认识，“气急败坏、饶恕、鹫鹰”等词语要理解；语言表达方面，用“双手和双脚戴着铁环”被“死死地”锁在悬崖上，写出普罗米修斯所遭受的痛苦，用“既不能……也不能……”的句式表现普罗米修斯决不屈服的精神，用“永远没有了尽头”补充强调，表达了普罗米修斯的无私奉献、坚强不屈；在写法方面，人类“无火”与“有火”的境况，普罗米修斯“盗”火与一般意义上偷盗的本质不同，宙斯与普罗米修斯、赫淮斯托斯、赫拉克勒斯的行为表现都形成对比，推动了故事情节的不断发展，塑造了鲜活的人物形象。因此，可采取以故事复述为主线，带动生字识记、内容理解、语言学习的读写活动设计，从而收到牵一发而动全身的教学效果。

第一环节，读好“普罗米修斯、阿波罗、宙斯、赫淮斯托斯、赫拉克勒斯”，特别要读准“赫、淮、勒”等字，介绍课文出处，出示人物资料，画人物关系图，并用自己的话描述众神之间的关系。

第二环节，随文检查生字词，梳理故事脉络，再连起来简单说说普罗米修斯“盗”火的起因、经过和结果。

第三环节，品味语言，发现写法。一是课文原句“普罗米修斯的双手和双脚戴着铁环，被死死地锁在高高的悬崖上。他既不能动弹，也不能睡觉，日夜遭受着风吹雨淋的痛苦。尽管如此，普罗米修斯就是不向宙斯屈服”与改句“普罗米修斯被锁在悬崖上，风吹雨淋，但他没有屈服”进行比较，发现课文语言表达得生动感人。二是借助第1、2自然段的阅读，以及“众神是如何对待普罗米修斯的”思考，理解“气急败坏、饶恕”等词的意思，发现课文运用对比的手法写出了普罗米修斯“盗”火的意义和众神的鲜活形象，为复述故事储备语言。

第四环节，先出示“吃生的东西”“长夜”和“烧熟食物”“驱寒取暖”“驱赶猛兽”等词语，用上对比写法，讲述故事的起因；再出示人物关系图，尽量用上课文生动细致的语言描写，以及众神的不同表现，讲述故事的经过；接着提示用动作词讲述故事的结果；最后，运用课文语言完整讲述故事，学习把握文章的主要内容。

阅读链接的教学价值及使用建议

李伟忠

从三年级上册开始，统编教材中有了一个新的栏目——阅读链接。

“阅读链接”是统编教材阅读系统的一个组成部分，安排在部分课文的后面。“阅读链接”的内容有两种：一种是语段，比如，《猫》（四年级下册第 13 课）的“阅读链接”是夏丏尊写的《猫》的片段和周而复写的《猫》的片段；一种是语篇，比如，《“诺曼底号”遇难记》（四年级下册第 23 课）的“阅读链接”是冯骥才写的《挑山工》。

“阅读链接”的教学价值主要体现在这么几个方面：一是增加阅读量。学生仅仅是读好教材中的课文，显然是不够的，阅读能力的提升需要一定阅读量的支撑。二是深化课文理解。“阅读链接”属于教科书的助学系统，作为课文学习的补充，与课文内容具有相关性，可以帮助学生进一步理解课文内容、表达方法、思想感情等。三是落实语文要素。学生可以用从课文中学得的具体方法来学习“阅读链接”，从而有效地达成单元教学目标。四是凸显人文主题。统编教材的单元选文都是紧紧围绕着单元人文主题的，通过与课文相关的“阅读链接”的学习，可以让人文主题得以强化和升华。

教材对部分“阅读链接”提出了具体的阅读建议。比如，学了课文《威尼斯的小艇》（五年级下册第 18 课），让学生再读读朱自清写的《威尼斯》片段和法国乔治·桑写的《威尼斯之夜》片段，想想在描写威尼斯时，三位作家的表达方法有什么相似之处。有的“阅读链接”，教材没有作阅读提示。比如，课文《军神》（五年级下册第 11 课）的“阅读链接”是李本深写的《丰碑》，如何阅读？书中没有提示。

如何用好“阅读链接”？这里介绍几种方法。

一、运用“链接”，比较异同

“阅读链接”的内容都与课文有着相关性，在教学时，我们可以将“阅读链接”与课文进行比较，寻找相似的地方和不同的地方，从而深化学生对课文内容的理解，培养学生的鉴赏能力，促进学生思维水平的提升。

（一）表达方法的比较

可以比较表达方法的相同点。比如，学习《秋天的雨》（三年级上册第 6 课），在学生了解秋天的雨的特点和作者的描写方法的基础上，再读读德国乌纳·雅各布写的《迁徙的季节》片段，思考：这两篇文章的表达方法有什么相同点？通过比较，学生发现：两篇文章都运用了拟人的手法，写出了秋天景物的特点；写段落的时候，都是围绕着一句话来写的。

可以比较表达方法的不同点。比如，学习《草船借箭》（五年级下册第 5 课），在学生按照起因、经过、结果的顺序，说出故事的主要内容之后，再让学生读读罗贯中写的《三国演义》第四十六回中的片段，找出课文中对应的段落，比较语言表达的不同点。通过与课文第 8、9 自然段的比较，学生读懂了原著的内容，发现原著与课文语言上的不同，产生了读古典名著的兴趣。

（二）人物形象的比较

对于课文与“阅读链接”所描写的不同人物，我们可以通过对人物的描写来读懂人物的特点，在此基础上，比较两个（或几个）人物形象的相同点或不同点。比如，阅读寓言故事《陶罐和铁罐》（三年级下册第6课）后的伊索寓言《北风和太阳》时，可以将两个故事中的人物进行比较：想想故事中的“北风”和课文中的“铁罐”有什么相似之处。“北风”和“铁罐”都只看到自己的长处，认为自己最了不起。两个人物最后都以失败告终。

（三）主题内容的比较

对于相同或同一类主题的作品，我们也可以进行比较，在比较中发现异同，进而凸显单元人文主题。比如，《北京的春节》（六年级下册第1课）的“阅读链接”是斯妤写的《除夕》片段。这两个作品都是描写中国传统节日的，可以让学生进行比较：两位作家笔下的春节习俗有什么不同？老舍描写的是北京的春节，斯妤描写的闽南的除夕，辞旧迎新要做的事情是不一样的。通过比较，让学生感受到中国南方与北方过春节的不同风俗。

（四）抒发情感的比较

“阅读链接”所选的内容，有的与课文描写的内容和方法不一样，但是两者所表达的思想感情是一致的。比如，《圆明园的毁灭》（五年级上册第13课）的“阅读链接”是：闻一多写的《七子之歌》中的“澳门”和“香港”，还有冯亦同写的《和平宣言》（节选）。三个作品描写的内容不一样，分别是：英法联军火烧圆明园、列强霸占澳门和香港、日寇侵华掳掠。我们可以让学生比较着读：体会这些内容表达思想感情的相似之处。三个作品都表达了作者对外国列强侵略行为的愤怒，抒发了作者的浓浓爱国情感。

二、运用“链接”，建立联系

有的“阅读链接”是对课文内容的补充和说明，是学习课文的参考资料。对于这些内容的阅读，应该与课文学习有机结合起来，找到两者对接的“点”，联系着进行阅读。比如，《琥珀》（四年级下册第5课）的“阅读链接”是王文利写的《琥珀物语》片段。王文利是北京自然博物馆研究员，他用科学而严谨的文字介绍了天然琥珀形成的三个阶段：树脂→硬树脂→琥珀。这段介绍可以解答学生在学习《琥珀》这篇课文时产生的一些疑问：松脂球是怎么变成琥珀的？为什么松脂球不会腐烂？……所以，在教学时，我们可以将课文与“阅读链接”联系起来学习。当学生在课文学习中遇到相关问题时，让学生从“阅读链接”中找找答案，深入理解课文内容。

三、运用“链接”，深化理解

有的“阅读链接”和课文内容出自同一作家的同一作品，是课文内容的铺垫或延伸。“故事的背景是怎样的？”“接下来又朝哪个方向发展？”“故事的结果是什么？”……类似的问题可以在“阅读链接”中找到答案。“阅读链接”加深了对课文内容的理解，帮助学生正确把握课文主题，读懂作者表达的思想感情。比如，《祖父的园子》（五年级下册第2课）选自萧红的《呼兰河传》，“阅读链接”的内容是《呼兰河传》的结尾部分。通过课文的学习，学生体会到“我”在祖父园子里的自由与快乐。而“阅读链接”的内容，表达了“我”对美好的一切终将逝去的惆怅与怀念。我们可以引导学生从整本书的视角重新审视课文，初步体会这部小说的悲剧意味。这样有助于学生对文学作品产生层次更丰富的阅读体验，更深入地体会课文表达的思想感情。

四、运用“链接”，指导习作

“阅读链接”的很多内容是文质兼美的佳作。“阅读链接”除了与课文学习相结合之外，还可以与习作教学有机整合，发挥习作例文的作用，给学生习作提供借鉴。比如，《蟋蟀的住宅》（四年级上册第 11 课）的“阅读链接”是苏联比安基写的《森林报·夏》中的《燕子窝》片段。在学习课文时，我们可以让学生比较两位作家描写小动物的相同点：两篇文章都用了准确生动的语言；两位作家都对观察对象进行了连续细致的观察。另外，在指导本单元的习作——《写观察日记》时，可以再一次发挥“阅读链接”的作用，让学生读读《燕子窝》，想一想作者是怎样记录燕子窝的变化的。作者写了自己看到的：“它们往窝里衔干草和绒毛，铺垫子。”“这么着燕子窝就成了一个有缺口的泥圆球，右上角留了一个洞口。”“雌燕子老待在窝里不出门”“雄燕子不时给雌燕子衔一些小虫来”……还写了自己观察后的想法：“这就是家的大门啊！要不然，这对燕子可怎么进它们的家呢？”“我当初骂雄燕子懒，看来是冤枉它了。”“它是不是在焦急地等待窝里的小燕子出世呢？”……这些写法，值得学生学习和模仿。

五、借鉴“链接”，拓展阅读

教材只给部分课文安排了“阅读链接”。为了培养学生的阅读习惯，提高学生的阅读能力，我们可以参考教材中的“阅读链接”，为学生设计“1+X”拓展阅读的内容，根据校情和学情，推荐给学生阅读。以四年级下册第三单元为例，第 10 课《绿》，书中已有“阅读链接”：宗璞写的《西湖漫笔》片段。其他的三篇课文，我们可以这样设计拓展阅读材料：第 9 课《短诗三首》，推荐阅读冰心写的《繁星（二）》和《繁星（一百一十八）》；第 11 课《白桦》，推荐阅读苏联叶赛宁写的《夜》；第 12 课《在天晴了的时候》，推荐阅读金波写的《春的消息》。当然，我们也可以根据学生的实际情况，在阅读时布置一个阅读小任务，让学生比较着读，联系着读。

“和大人一起读”的价值定位与实践策略

滕衍平

“教读”“自读”“课外阅读”，统编教材的“三位一体”的阅读体系强调了“阅读”的重要性。一年级语文教材中的“和大人一起读”，便是其中的重要内容之一。教材中每个单元安排1篇“和大人一起读”，上下册合计16篇。从目前的教学实施状况来看，效果并不理想，比如，有的教师不放心，一味包办代替；有的教师认为没有测试内容，则放手不管；有的教师则索性推给家长，听之任之。那么，“和大人一起读”中这些文本的学习到底应该如何定位，如何落实呢？

一、“和大人一起读”的价值定位

16篇“和大人一起读”被安排在每个单元后的“语文园地”中。从文本的内容与篇幅方面看，与本单元的课文有很多相似之处，都以儿歌、童谣、故事等为主，而且阅读的难易程度也与课文相当。那么，“和大人一起读”到底应该如何定位，它与课文学习和学校阅读有什么不同呢？

首先，“和大人一起读”的学习形式与课文学习不同。课文学习，是教师与学生一起完成的教学行为；“和大人一起读”，“大人”主要是指家长，是家长和孩子之间进行的家庭阅读。课文学习中的教师，具备专业的学科知识和教育教学理论；“和大人一起读”中的家长，身份不同，知识背景不同，且很少具备专业的教育教学知识。课文学习，是学生在教师的指导下学习课文，掌握基础知识，学习阅读策略，养成学习习惯，学习效果便于统一检测；而“和大人一起读”的学习，更加注重“共读”的过程，对于读的效果一般不需要统一评价。

其次，“和大人一起读”活动与校内阅读不同。学校阅读活动是由学校策划组织，在教师指导下的集体阅读活动；“和大人一起读”在家里进行，其性质是完成学校老师安排的“作业”。学校阅读的内容多是课外读物，一般以年级、班级或者小组为单位同读一本书，然后教师组织大家交流。“和大人一起读”的阅读内容以课本中的“和大人一起读”栏目为主，学习交流的主体是孩子和家人，人数不多，形式更加自由灵活。

因此，“和大人一起读”不同于课文学习，不同于学校阅读，教材编者将其安排在一年级，主要目的就是要营造家庭读书氛围，激发孩子从小阅读的兴趣，逐步养成孩子独立阅读的习惯。因此，教师包办代替、放手不管、推给家长的做法都是不妥当的。

二、“和大人一起读”的指导策略

“和大人一起读”是鼓励家长和孩子一起在家里阅读。那么，教师应该如何指导家长落实“和大人一起读”这项学习任务呢？

（一）鼓励家长营造家庭阅读环境

家长是孩子的“镜子”。家长对书和读书的态度往往会影响着孩子对书和读书的态度。家长对阅读的重视如何体现呢？一方面教师要鼓励家长为孩子提供物质方面的保证，尽可能地为孩子留出相对独立的空间，至少是安静的空间。这个空间里应该放置一些适宜孩子阅读的各类图书，比如这个年龄段的绘本、童话、故事书等，还需要有一些工具书、桥梁书，比如字典等，方便孩子随手拿来阅读和使用。另一方面教师要鼓励家长注意人文环境的营造，鼓励家长自己做个阅读者，尽可能地让孩子沉浸在浓郁的家庭阅读氛围中。比如平时家人之间的交流可以与某一本书有关，比如家人的生日，特别是孩子的生日，可以送书、奖书，比如节假日里可以一起买书、读书等。“生活即教育”，环境会育人。教师要鼓励家长有这样的意识，并想方设法尽力为孩子营造良好的阅读环境。

（二）指导家长创设阅读的仪式感

落实“和大人一起读”，教师需要指导家长在和孩子一起阅读时创设一点阅读的仪式感。

一方面，创设阅读的仪式感，可以让孩子更安心地阅读。学校里上课伊始，学生要起立问候，这不仅是礼貌，更有一种强烈的暗示：现在进入学习状态，这与下课时的休息、松散不同，接下来要全神贯注倾听、思考、交流。这就是仪式感的作用。“和大人一起读”时也要有仪式感，可以让孩子明白：现在要和大人一起读书了，与刚才的游戏、聊天不同，读书要安静下来，沉下心来。

另一方面，创设阅读的仪式感，可以让孩子的角色感鲜明起来。很多家长埋怨自己的孩子只听老师的安排，在家里不听话。比如，安排孩子读书，他不干；让孩子回答问题，他说“我不会”，你说“刚刚讲过的呀”，他回复“我忘了”。家长焦急万分，孩子却“郑重”不起来。为何会如此？因为在孩子看来，在学校，自己是学生，老师是教育者，彼此的角色鲜明，学生就应该尊重老师，按照老师的要求去做。而在家里，家长一会儿是给予他百般呵护、一切围着他转的人，一会儿却是要求他做这做那的人。家长的两种角色切换自如，孩子却没有将角色变换过来。因此，你让他学习、思考，他自然就有了如上表现。所以，创设阅读的仪式感，可以让家长的角色在孩子的心里重新被定位：在接下来的学习活动中，我是学习者，家长是监督者、指导者、合作者。这样，有利于学生静心阅读，也便于后面家长与孩子之间的深入交流。

古人读书是讲究仪式感的，“焚香沐浴，品茗闲吟，知己相伴，相互切磋”。今天，自然不需要如此复古，但是我们可以从中借鉴。那么，教师如何指导家长创设阅读的仪式感呢？①静：进入“和大人一起读”时，大人要丢下手机，关上电视和电脑，不要喧哗，减少走动，尽快消除对孩子的干扰，使家里保持相对的安静。②净：督促孩子去卫生间方便，解决好个人问题。然后孩子回到自己的学习空间后，收好零食，远离玩具，桌面收拾干净，准备好文具，使周围保持干净清爽。③竞：尤其是刚开始的阶段，家长和孩子要约法三章，明确彼此的角色：读书是孩子的事情，家长会根据情况进行督促、指导、合作。然后比一比：孩子有没有做好自己的事情，比如认真阅读，积极思考，主动表达；家长有没有用心做好该做的事情，有没有积极参与到指导孩子的学习之中。最后，家长和孩子互评。在家庭共读的过程中，形成一种积极的学习情态。

（三）传授家长一定的阅读指导方法

很多家长都是较为成熟的阅读者，对于“和大人一起读”的文本内容很容易理解。然而，缺少指导的经验。因此，何时指导，指导什么，如何指导，分寸把握不住。那么，教师应该传授给家长哪些有效的阅读方法呢？

（1）读为主线。

“和大人一起读”，“读”的行为主体主要是学生。“读”是第一要务，“读”应贯穿始终。因为读书的方法、读书的能力，只有在读的过程中才能学会和提高。

首先是读的形式。①学生自读。低年级学生的读，一般分为朗读和默读两种形式。朗读,需要张开嘴巴,这样有利于语感的形成。默读，有利于提高阅读的速度，便于带着问题进行思考。②家长范读。家长的范读也包括两种，一种是正确的示范引领，重点解决文本中比较难读的地方，比如如何把人物的对话读得有变化、有情趣。一种是在关键处故意“示弱”的朗读，这样能够激发孩子当小老师的欲望，孩子给家长示范读,就能起到强调重点的作用。③家人合读。合读更有乐趣，孩子更加喜欢。比如读儿歌时，可以你一句我一句接读，读故事时可以分角色朗读，有时甚至可以合作演一演。

其次是读的时间。一般而言，适宜孩子先读，孩子读得好，家长给予鼓励，读得有问题，家长便要有针对性地引导。然后是家长和孩子边聊边读，在读中理解，在理解中读。让朗读与默读结合，家长引导孩子带着问题默读，然后再有感情地读出自己的理解。最后，还需要让孩子整体朗读，由于这一次的读是建立在初读的基础上，建立在交流的基础上,这就应该有更高的要求,要让孩子读得正确,读得熟练,读得有感情，同时让孩子形成对文本的整体感知。如果孩子的学习能力强，还可以让孩子进行复述或者背诵。

（2）交流有方。

有效的阅读,必然伴随着思维的参与。“和大人一起读”中“大人”的价值也重点体现在这里。在共读的过程中，家长应该注意和孩子交流。这种交流应该是亲和的、宽松的，更确切地说，这种交流应该用一种“聊”的方式进行。那么,要想在一定的时间里“聊”得有价值、有质量，家长最好自己先“备备课”。下面我以一年级上册第七单元中的《猴子捞月亮》为例，谈一谈如何设计有价值的话题，以及如何有效地开展交流的过程。

话题设计建议从这几个方面着手：①主题类的话题：这篇文章讲

了什么内容？告诉我们什么道理或者对我们有什么启发？《猴子捞月亮》是一篇童话故事，题目本身就是故事的主要内容。家长可以和孩子重点聊一聊故事带给我们的启发。这时要让孩子先说，要充分尊重孩子的个性见解，不可过早地告知大人的理解和所谓的标准答案。交流的过程就是引导孩子思考的过程。很多孩子会说猴子真笨。然而，笨是个模糊的概念，这时家长要引导孩子发现猴子们"笨"在哪里。有的孩子可能会说要认真观察，仔细思考。有的孩子会说它们不懂常识，要多掌握知识。有的孩子会说不要盲目跟从别人等。家长可以启发孩子从多个角度思考，引出更加丰富的答案，之后也可以说出自己的理解。②探究类的话题：让孩子说一说故事的情节，说一说故事中人物的特点。比如，在这个故事中，可以让孩子先找出第1~4自然段中"传消息"时猴子的出场顺序：小猴子—大猴子—老猴子— 一群猴子。再找出第5~7自然段中"捞月亮"时猴子的顺序：老猴子—大猴子—一群猴子—小猴子。然后说一说"你有什么发现"。孩子就会发现顺序是相反的。"那么，这个顺序可以调换过来吗？"经过讨论，发现不可以。"那为什么呢？"小猴子小，不知道水里是月亮的倒影，因此着急地喊，大猴子跟着，惊动了老猴子，然后是一群猴子。小猴子小，不知道这个现象，有这样的举动，情有可原。如果是老猴子看见水中的月亮倒影，就喊起来，这就不符合情理，有趣的故事就变成笑话了。那么，在捞月亮的过程中，老猴子在最上面，最下面是小猴子，这说明猴子的组织能力是很强的。如果反过来，小猴子在最上面，下面这么多猴子，拉得动吗？这个话题的交流，揭开了这个故事的表达密码，孩子在讲故事的时候，就很容易把握故事的情节了。③语言类的话题：引导孩子关注文章中某些关键词语的意思和表达的作用。比如，在本文中，要让学生看一看文中猴子都是"一看"就喊起来了。"一看"与"仔细看"有什么不同？这说明了什么？孩子就会若有所悟：猴子们的"捞"

而无功，恰恰是它们没有仔细观察，缺少思考，盲目跟从的结果。“想一想，如果这个故事重新编一次的话，在哪一个环节就可以避免它们这样白费力呢？”这个话题就很有意思，孩子会惊喜地发现，在大猴子、老猴子、一群猴子中每一个都可以，但是它们都没有自己看清楚，就盲目地传话了。所以，家长问一问孩子故事为什么这样编才有趣，也能够带给孩子启发。

围绕以上三类问题设计，话题不要多，以1~3个为宜，家长可因文而异。在具体使用时，先交流哪一个，后交流哪一个，要依据情况而定，做到由小到大，由易到难，体现循序渐进。在《猴子捞月亮》这堂课的交流中，可以先交流第二个和第三个，最后交流第一个话题。这样更符合孩子的认知水平，最后的理解也水到渠成。否则，在此文的学习中直接交流第一个话题，反而把孩子问蒙了。

（3）拓展适度。

“和大人一起读”每次的学习内容只是一篇文本，而其意义在于引领孩子走向更广阔的阅读空间。因此，家长和孩子一起读的时候，可以进行适度拓展。一种情形是进行阅读内容方面的拓展，可以和孩子一起选择内容有关的、主题相似的、情节相近的、难易程度相当的文章或书来读，以打开孩子阅读的视野。比如，和孩子一起读了《猴子捞月亮》后，可以让孩子读一读童话故事《咕咚来了》，读一读绘本《月亮的味道》等。另一种情形是根据孩子的学习水平，进行阅读能力方面的拓展。比如，孩子本次的阅读效果很好，家长可以适度地提高阅读的难度，让孩子尝试着改编结尾，或者续编故事。

（4）进步留痕。

16篇“和大人一起读”，既独立呈现，又逐步提高，自成系统。其共读的过程是一段重要的家庭阅读时光，也是孩子阅读进步的历程。因此，家长应该让每一次的阅读留下痕迹。家长可以在教师的帮助下设计简易可行的记录单（最好能够依据阅读内容的不同进行设计），和孩子一起记录下每一次一起读的经历与收获。比如，可以设计成这样的形式（见表1–6）：

表1–6 “和大人一起读”记录单

我们共读的内容：________	今天和（　　）一起读
我读第一遍用的时间：________	我读最后一遍用的时间：________
我学到了新的词语	
我知道了文章的内容	
我们讨论的问题	
我们补充阅读的内容	
给自己的评价	我给自己的评价：我很努力；我较认真；我要加油。
	大人给我的评价：你很优秀；你较认真；你要加油。
给大人的评价	大人给自己的评价：我很努力；我较认真；我要加油。
	我给大人的评价：你很优秀；你较认真；你要加油。

表单的记录，可以在家长和孩子共同交流的基础上前期由家长填写，待到后期的时候，也可以由孩子填写。过一段时间后，可以和孩子一起回顾每一次的阅读过程，总结学到了哪些方法，拥有了哪些进步，这样可以更好地增添孩子阅读的自信与动力。

三、做好“和大人一起读”的家校沟通

“和大人一起读”作为一项重要的阅读任务，实施的主体不是教师自己，而是合作的教师和家长，那么效果能否保证？这就需要教师

和家长沟通，鼓励家长做好自己的“分内事”。在这个过程中，需要注意以下几个问题：

（一）家校明确分工

针对“和大人一起读”的学习，有些教师以为此项内容与自己无关，且不作为考查内容，便放任自流，这是不可取的。也有一些教师为了确保学生的阅读质量，担心测试失分，便自己承担了“和大人一起读”的教学内容，这属于越俎代庖，同样是不可取的。“和大人一起读”，就是要鼓励家长和孩子一起阅读，让家长明确自己的职责。因此，教师要和家长进行沟通，让家长明确此项活动的性质，熟知此项活动的目的，重视阅读对孩子成长的意义。要让家长能够分清学校学习是以课文为蓝本，给予学生阅读的策略，而“和大人一起读”是孩子阅读能力的巩固，需要家长参与陪伴共同完成。家长和孩子一起阅读，还能够更好地了解到孩子的阅读水平，做出有针对性的辅导。

（二）落实方法指导

“和大人一起读”学习的效果取决于家长，而很多家长是需要方法指导的。因此，教师应该对家长做好培训和帮扶工作。要让家长明确，“和大人一起读”是以激发兴趣为主，以培养习惯为主，而不是以知识的掌握为主，如果没有科学的方法指导，反而会扼杀孩子的阅读兴趣，使阅读成为负担。因此，要把上面讲到的营造阅读氛围、创设阅读仪式、指导阅读方法三项策略内化为家长的认知和行动能力，这样才能最终作用于孩子，有效地提高“和大人一起读”的效果。而对家长的指导与培训，可以是利用家长会做讲座，可以将每一次的阅读建议编拟成材料发送给家长，也可以组织部分家长和孩子进行视频或者音频录制，把“和大人一起读”的活动过程最直观地呈现出来，教师再辅以策略的点拨。这样可以让家长更明确自己的职责，从而提高一起读的效果。

（三）适时展示交流

“和大人一起读”的效果如何，教师需要及时地关注了解，并及时调控。教师在布置此项阅读活动时，应考虑到家长的具体情况，可以将一起读的内容在本单元学习开始时就告知家长，然后在本单元学习结束时交流一起读的情况。这样，家长可以有机动的时间来和孩子一起读。如果今天布置，明天检查，阅读活动往往会因为部分家长的特殊情况而流于形式。

关于“和大人一起读”效果的反馈，教师也要做到心中有数，可以让学生展示朗读，可以设计核心的问题以了解学生的掌握情况，还可以在群里提供交流平台，展示学生的朗读，并交流阅读心得。这样，给优秀的家庭以鼓励，同时也让其他的家长从中受到启发。这样，教师就能够及时把握学生出现的各种问题，进行有针对性的指导。

总之，“和大人一起读”是统编教材中的一种新形式，也是一项实实在在的阅读任务，意义深远。一线教师应该充分地明确其价值定位，组织家长与自己一起，为培养孩子的阅读能力与阅读习惯共同努力。

■ 提升设计能力

教学设计是一门艺术活。它不仅要有设计知识、设计经验和设计技巧，更需要有对教学的满腔热爱，对教学的痴心研究，和投入其中的教学智慧、设计创意。

阅读教学设计的艺术

孙双金

某小区边上有个广告牌，上面写着“品质生活，源于设计”，这是家装设计公司的广告。我把上面两个字改掉，改成“品质教学，源于设计”，可否？我认为完全可以。

好教学源于好设计，这一定是真理。

有人说，设计是一门技术活。因为设计需要专门的知识，需要丰富的经验，需要一定的技巧。就像设计公司经验丰富的设计师，一张设计图纸三下五除二，很快就出来了。这话有一定的道理。

但设计是一门艺术活，它不仅要有设计知识、设计经验和设计技巧，更需要有对设计的满腔热爱，对设计的痴心研究和投入其中的设计智慧、设计创意。

说教学设计是一门艺术，是因为：

设计者需要深厚的文化底蕴。文化这东西看不见摸不着，但它像空气一样无处不在，无时不有。设计者的每一个创意背后其实都是文化在说话。教师们经常开展“同课异构”，为什么同一堂课，有的上得精彩纷呈，有的上得沉闷呆板，其根本原因是执教者不同的文化底蕴，对文本的解读停留在不同的文化层次。文化有层次高低之分，文化有境界高下之别。王国维先生说过：“有境界则自成高格，自有名句。”我认为：有文化则自成高格，自有境界，自有名课。

设计者需要相当的审美品位。审美这东西真奇怪，有人以奇为美，有人以怪为美，有人以丑为美，有人则以胆大为美。木心说："没有审美力是绝症，知识也解救不了。"当下的课堂教学设计缺乏审美表现在：教学设计平淡无味。淡而无味，何美之有？教学设计花里胡哨，哗众取宠，花拳绣腿。毫无实效，何美之有？审美的课堂有的表现在朴素之美，有的表现在扎实之美，有的表现在灵动之美，有的表现在创新之美。听一堂具有品位的审美课，也会像孔子听到韶乐那样，手舞足蹈，喜爱至极，连声高呼："三月不知肉味！"

设计者需要较强的创新能力。我曾经多次担任省级和全国教学大赛的评委，每次坐在赛场，都会有痛彻心扉的感受：全省、全国各地的选手设计的课为什么如此惊人的相似？中国人真的失掉创新力了吗？创新是民族发展的不竭动力，创新也是教学设计的核心竞争力。创新，在教学设计中表现在新的角度、新的视野、新的组合、新的元素。我曾经形象地说过：教师要有孙悟空的七十二般变化，让学生走进自己的课堂总有新的发现、新的惊喜、新的收获。

一线教师特别希望看到对教学设计有启发、有帮助的设计思想、设计思路和设计策略。我试以自己的教学设计经历，谈谈教学设计的艺术，以求教于大家。

一、设计策略：散则聚之

（1）设计思考。

文章是作者思想情感的表达，文章自有文章的格式，但高明的作者往往进入自由王国的境界，笔随心驰，文如泉涌。正如黄庭坚在《东坡先生真赞》中所言："嬉笑怒骂，皆成文章。"鲁迅先生说过："散文的体裁，其实是大可以随便的。"铁凝也曾说过："散文河里没有规矩。"

即使有严格韵律的诗歌，仍然应该“从心所欲不逾矩”。李太白的诗文天马行空，自由纵横，随心所欲，读来令人酣畅淋漓，拍案叫绝。“清水出芙蓉,天然去雕饰”成为李太白鲜明的风格。好文章是自由的，是随性的，是真实的，是动人的。但自由的东西往往不好把握，尤其是教学设计。不管是散文还是诗歌，虽然表现形式是自由的，但往往内核都有神韵或红线贯穿。我们教师要有一双慧眼，透过散乱的语言形式，把握内在的思想内核或情感主线，做到形散神聚，纲举目张，牵一发而动全身。

（2）设计案例。

《山居秋暝》是王维山水诗的代表作，清新自然，幽雅恬静，空灵高洁，表达了诗人向往自由、流连自然的美好心灵。

首联：“空山新雨后，天气晚来秋。”写山林经一场秋雨的清洗，天气凉爽，空气清新，令人神清气爽。

颔联：“明月松间照，清泉石上流。”写到了夜晚，一轮明月透过松林照在山林里，显得格外幽静，清清的山泉在石板上流淌，清澈见底，叮咚作响。

颈联：“竹喧归浣女，莲动下渔舟。”写诗人听到竹林里传来欢声笑语，一群洗衣的姑娘踏着月色归来，看到莲叶摇动，捕鱼的渔民乘着小船顺流而下，一派世外桃源的景象。

尾联：“随意春芳歇，王孙自可留。”写诗人不在意春天已经过去，因为秋天也有秋天的美好，他想永远留在山林之间，过自由自在的生活。

整首诗自由灵动，超凡脱俗，令人向往。但我在备课时，觉得教学缺乏主线，缺少撬动这首诗的支点。如何寻找发现这首诗内在的神韵，提炼出一条设计的主脉，牵一发而动全身呢？这成了我教学设计的关键。经过反复琢磨，比较酝酿，我在板书设计上找到了一条主线，围绕诗眼“清”做文章：

“空山新雨后，天气晚来秋”，我提炼出“清新”两字，突出雨后空气的特点。

“明月松间照，清泉石上流”，我提炼出“清幽”两字，突出山林月照的特点。

“竹喧归浣女，莲动下渔舟”，我提炼出“清纯”两字，突出山林姑娘的特点。

“随意春芳歇，王孙自可留”，我提炼出“清雅”两字，突出诗人内心向往山林生活的特点。

教学时，第一句板书由教师呈现，后三句板书由师生共同讨论，突出语文学科咬文嚼字、字斟句酌的特点，同时也很好地体现王维山水田园诗歌超凡脱俗的魅力，达到了很好的教学效果。

“清新→清幽→清纯→清雅”的板书设计，化散为聚。聚主线，聚思路，聚风格，这样的设计思想，可以举一反三、融会贯通。

二、设计策略：无则有之

（1）设计思考。

老子在《道德经》第40章指出“天下万物生于有，有生于无”，老子揭示了万物有与无相互依存、相互变化的规律。朱熹有句名言：“学贵有疑。小疑则小进，大疑则大进。”宋代教育家张载说：“学则须疑，学贵善疑。”我认为高明的老师能做到“无疑处揭疑，有疑处解疑”，达到无中生有、有中化无的境界。能够在大多数人发现不了疑问处挑起问题，一定会达到让学生心中一惊，眼前一亮，豁然开朗的启智效果。这对教师的文化底蕴、思维方式、文本解读能力都提出了更高的挑战。

（2）设计案例。

李白《赠汪伦》:“李白乘舟将欲行，忽闻岸上踏歌声。桃花潭水深千尺，不及汪伦送我情。”语言直白，意思浅近，仿佛一读就懂。好多教师也就对字面意思做个解释，感受李白和汪伦之间深厚的友谊，然后让学生读一读、背一背就结束了。但我在深入钻研的基础上发现了一般教师没有发现的问题，那就是“忽闻”二字。

为什么汪伦早不送，迟不送，偏偏等到李白走出村子，走上大道，来到桃花潭边，坐上小船“将欲行”时才来相送呢？汪伦前面干吗去了呢？汪伦是有意为之，还是无意为之？

看来诗句里面有巨大的想象空间，值得学生好好品味。

于是在教学时，教师无中生有，抛出了这个问题，让学生充分想象，充分讨论，教师没有想到，课堂上竟然迸发出熠熠火花，让人叹为观止。

有的认为是汪伦外出卖酒，李白接到家书，急忙回家，留下字条，汪伦回家看到字条，赶到潭边送别。

有的认为是李白故意趁汪伦外出，怕汪伦破费，不辞而别。汪伦回家知道李白已走，急忙赶到潭边相送。

有的认为汪伦已经送别李白出门，但想到李白是自己写信“骗”到家中，觉得送别不够隆重。于是叫上一村人一起到潭边踏歌相送。这叫一送李白上路，二送李白上船。

还有的认为，这是汪伦故意为之，前面迎接李白是在桃花潭，那现在送别李白也应在桃花潭，这叫前后呼应。汪伦写信“骗”李白来得不同寻常，那么送李白也要与众不同。于是他设计了在桃花潭边踏歌相送的特别仪式，给李白留下了终生难忘的印象，所以李白才吟出了“桃花潭水深千尺，不及汪伦送我情”的肺腑之言。

三、设计策略：疑则辨之

（1）设计思考。

人民教育家于漪老师曾经说过："教学过程实质上就是教师有意识地使学生生疑、质疑、解疑，再生疑、再质疑、再解疑的过程。"学贵有疑，有了疑问怎么办？《中庸·第二十章》中指出："博学之，审问之，慎思之，明辨之，笃行之。"如何引导学生明辨？我认为比较法是辨别的有效方法，有比较才有鉴别，不怕不识货，就怕货比货。比较法也是科学研究重要的方法。比较出真伪，比较出高下，比较出是非。有了《红楼梦》的前80回"真迹"，才能比较出后40回的"伪迹"；有了朱自清和俞平伯同游秦淮河，同写《桨声灯影里的秦淮河》，才能比较出各自不同的风格；有了苏东坡从不同角度对庐山的观察，才能写出"横看成岭侧成峰，远近高低各不同"的名句。

（2）设计案例。

四年级上册《盘古开天地》一文，是一篇创世神话。学生在学习课文时，对文本第2自然段想象有疑惑。课文写道："他一使劲翻身坐了起来，只听咔嚓一声，'大鸡蛋'裂开了一条缝，一丝微光透了进来。巨人见身边有一把斧头，就拿起斧头，对着眼前的黑暗劈过去，只听见一声巨响，'大鸡蛋'碎了。"学生的疑惑是：其一，课文后面写盘古死后左眼变成了太阳，右眼变成了月亮，既然当时连太阳、月亮还没有，那"一丝微光"是从哪里来的呢？其二，当时天地未开，宇宙中什么东西也没有，哪里来的"斧头"呢？面对学生的疑惑，教师怎么办？是视而不见，故意回避，还是直面问题，引导学生明辨讨论？我在教学时作了如下设计：

第一步：引导学生对文本进行质疑，提出自己的疑惑。

第二步：让学生分组讨论，充分发表自己的不同观点。（有的说是神话，可以自由想象；有的说，即使想象也要合乎情理。）

第三步：出示不同版本的盘古开天地神话，引导学生辨别。（有的版本就没有写到光，盘古是用自己的四肢撑破了“大鸡蛋”。）

第四步：出示盘古开天地的古文，和课文作比较阅读。（古文中没有写到光和斧头，这是我们现代人补上去的。看来今人的想象不如古人的想象。）

我运用以上教学设计进行教学，取得了很好的教学效果。课堂气氛活跃，学生争相发表自己独特的看法，学生的问题意识和批判性思维能力得到很好的培养。潘新和教授对我这一设计给予相当高的评价。

四、设计策略：浅则深之

（1）设计思考。

一堂好课的主要特征是什么？我认为是学生有效思维的长度和深度。好的课堂一定要对学生的思维有挑战，让学生的思维经历迷茫、困惑、挑战、顿悟乃至豁然开朗的过程。深度学习的理论特别强调有挑战性的学习情境，特别强调学生高阶思维的发展，而高阶思维的核心是质疑思维和批判性思维。我们当下的课堂普遍缺少对学生高阶思维的训练。大量的语文家常课和公开课、比赛课，绝大部分教师语文教学仅仅停留在识字、读书和回答几个简单问题的浅层次教学层面，缺乏智力挑战，缺乏思维碰撞，缺乏批判意识，使我们的语文课显得异常沉闷和浮浅。难怪有人发出“中小学绝大部分语文教师要重新回炉”的言论。

如何浅文深教，考验教师的智慧。有的可在语言训练点上深化，有的可在问题讨论点上细化，有的可在矛盾冲突点上点化。真可谓“戏法人人会变，各有巧妙不同”。

（2）设计案例。

案例一：三年级上册小古文《司马光》仅仅两句话："群儿戏于庭，一儿登瓮，足跌没水中。众皆弃去，光持石击瓮破之，水迸，儿得活。"虽然是第一次接触小古文，但凭课文中的注释，再加上大多学生都听过《司马光砸缸》的故事，读懂这两句话难度不算很大。但教学如果仅仅满足于读懂这两句话的话，显然没有多大挑战。因此，我在教学时做了如下设计：

设计一：让学生展开想象，还原司马光砸瓮的真实情景。

1."戏于庭"：请想象小朋友在庭院里开展哪些游戏。

2."众皆弃去"：请想象一下，众小儿逃走的情景。他们一边跑，一边会喊什么？

3."儿得活"：小儿得救后，众小儿表现得怎样？大人们是怎样称赞司马光的？

设计二：让学生展开丰富的想象，把司马光的故事详细地讲给同学和家长听。

（有了设计一做基础，学生在面对家长讲述司马光的故事时都能做到创造性地复述，提升了语言训练的效度。）

案例二：六年级上册文言文《书戴嵩画牛》一文，讲的是蜀中杜处士特别珍爱戴嵩画的《牛》一轴，后被牧童指出画中谬处，处士坦然接受。揭示了"耕当问奴，织当问婢"的道理。我在帮老师备课时，问了老师这么一个问题："杜处士对这幅画尤为喜爱，到了爱不离身、爱不释手的地步。可是当牧童指出这幅画的错误之处时，处士却'笑而然之'，我觉得不合常情。如果你钟爱的一个宝贝被人说成是假的，你心里会怎么样？"老师说："我可能会很难过，很伤心，可能会和别人分辩，甚至会骂别人是瞎说。"我说："是呀，这才是人之常情。可课文中的处士却'笑而然之'，不合常理。你在教学时可不可以做一比较设计呢？”老师恍然大悟，于是我们做了如下设计：

设计一：解释“处士笑而然之”，理解句意。

设计二：出示“处士______________”填空题，思考：如果你是处士，你最珍爱的宝贝被人说成是假的，你会怎么表现？

（可能填：处士怒而骂之；处士急而辩之；处士愤而走之。）

设计三：牛斗，是不是都“掉尾而斗”呢？牧童所见是不是具有普遍性？

（有的牛是掉尾而斗，有的牛则不是，可见牧童所见不全面，有局限性。）

设计四：讨论：那么“耕当问奴，织当问婢”是不是真理？请对文中最后一句话的标点做修改，让句子意思也发生改变。

原句：古语有云：“耕当问奴，织当问婢。”不可改也。

改①：古语有云：“耕当问奴，织当问婢。”不，可改也。

改②：古语有云：“耕当问奴，织当问婢。”不可改也？

改③：古语有云：“耕当问奴，织当问婢。”不！可改也！

五、设计策略：长则短之

（1）设计思考。

长文短教是教师经常听到的词语，为什么长文要短教？因为教学时间有限，不可能面面俱到。再加上教学目标任务不同，为了紧扣目标，教师必须在有效的时间里完成教学任务。那么如何长文短教呢？这里面可研究的东西就很多了。可以以点带面长文短教，可以突出重点长文短教，可以提纲挈领长文短教，可以举一反三长文短教。教师在长文短教时切忌面面俱到，泛泛而谈，蜻蜓点水。而是要体现一课一得的理念，把这一得教深教透，练好练实。伤其十指不如断其一指。

在某一个能力点上让学生留下深刻的印象，甚至终生难忘。

（2）设计案例。

案例一：六年级上册《穷人》，是俄国列夫·托尔斯泰的小说，小说塑造了穷人桑娜和渔夫善良淳朴的形象，给读者留下美好的印象。本单元的语文要素是“读小说，关注情节、环境，感受人物形象”。而小说《穷人》对于小学生来说相对比较长，对于情节的概念比较模糊，如何利用小说《穷人》，给小学生建立起十分清晰的概念，我做了如下设计：

①默读第1、2自然段，我指导学生分别用四个字概括内容和人物心情。

（板书：开端 等夫归来、心惊肉跳）

②默读第3~11自然段，同桌讨论尝试概括内容及人物心情。

（板书：发生 抱回孤儿、忐忑不安）

③默读第12~23自然段，独立概括内容及人物心情。

（板书：发展 试探丈夫、提心吊胆）

④默读第24~27自然段，独立概括内容及人物心情。

（板书：高潮 同意抱回、如释重负）

⑤从老师的板书中你们看出什么特点？

（发现了情节之间有因果逻辑关系：因为等待丈夫迟迟未归，所以去看望邻居；因为发现邻居西蒙已死，所以抱回孤儿；因为擅自抱回孤儿，所以忐忑不安；因为丈夫同意抱回孤儿，所以才如释重负。还发现小说另一个特点，即小说的每一环节都突出人物的心理描写。）

案例二：四年级下册《小英雄雨来》是一篇比较长的小说，小说塑造了一位机灵、勇敢、宁死不屈的抗日小英雄形象。小说一共6个章节，对于四年级小学生来说是比较长的课文，如何长文短教？课文后面有一个让学生练习列小标题的训练项目，可以以此为抓手，进行长文短教的教学设计。

步骤一：以第一章节为例指导学生三种列小标题的方法。

方法一，抓主要内容：游泳本领高。

方法二，抓人物语言："往河沿跑"。

方法三，抓人物事件：雨来水性好。

步骤二：第二章节让学生尝试用三种方法列小标题。

抓主要内容：上夜校读书。

抓人物语言："我们是中国人"。

抓人物事件：雨来上夜校。

步骤三：把第 3~6 章节三种小标题列在下方表格（表 2-1）内：

表 2-1　小标题整理表

章节	主要内容	人物语言	人物事件
3			
4			
5			
6			

步骤四：师生对同学们列的小标题当众作点评，鼓励优秀，纠正偏错，对学生做扎实的概括能力训练。

阅读教学设计的三个优化

薛法根

设计有效的教学活动需要遵循三个原则：一是一致性原则，即以教学目标为主线，将“教、学、评”三者统整起来，进行系统思考和整体设计。活动的设计思路，将传统的“目标→活动→评价”三段式结构变革为“目标→评价→活动”，先设定教学目标，再根据目标设置评价任务，清晰界定学习的结果表现，最后围绕评价任务设计对应的学习活动。二是交互性原则，即教与学实现多层面、多层次的交流互动。改变传统教学的“单向传递”，将教与学的互动过程逐层展开，教中有学、学中有评、评中有改，师生之间、生生之间呈现“多向传递”，思想的碰撞、情感的交融与能力的迭代，实现教学活动的“立体效能”：情感体验有深度、有效思维有长度、实践能力有高度。三是层递性原则，即一个教学活动与一个教学活动之间，呈现“台阶式”结构。设计的教学活动具有一定的挑战性，让学生体验拾阶而上的“爬坡感”，改变传统教学的“同一水平重复”。如此才能呈现学生的学习变化过程，从不懂到懂、从不会到会、从不能到能，让学习看得见，让进步看得见。

一、由“直”而“曲”：充分经历过程

苏州园林的艺术之美在于“曲径通幽”，读懂了“曲线设计”的奥秘，

就找到了教学活动设计的诀窍，那就是“直与曲的转换”。所谓“直”，就是“直截了当”地告诉，就是“直奔主题”地提问，就是“直道而行”地训练。比如教学小说《半截蜡烛》，可以设计三个“直问”：①小说写了一件什么事？②作家写的是什么样的人？③为什么要以“半截蜡烛”为题？这样的三问就能让学生从情节到人物再到主题，在小说里面走一个“来回”。所谓“曲”，就是“明知故问”，就是“旁敲侧击”，就是“设置障碍”，让学生凭借自己的努力去寻找方法、发现真理及获得能力的生长。同样教《半截蜡烛》，可以设计这样三个“曲问”：①阅读这篇小说时，哪些地方让你的心提起来？哪些地方让你的心放下去？小说结尾，你的心是提起来的，还是放下去的？②假如要颁发一枚勋章，你认为最应该奖给谁？③读这篇小说就是一场“惊叫之旅”，这种“紧张感”小说家是怎么制造出来的？你能借鉴小说家的方法，制造一个令人紧张的环境吗？一“直”一“曲”，不一样的设计，有着不一样的精彩。“直”，目标明确，思路清晰，教与学可以“单刀直入”，过程必然简短；“曲”，寓教于境，任务导向，教与学需要“迂回曲折”，经历必然延长。有的老师性格直爽，不喜欢“兜圈”，用“直”的设计更顺手；有的老师性格细腻，不喜欢“直白”，用“曲”的设计更合适。

教学活动要设计成“直”的或者“曲”的，应该根据教学内容的类型来选择，“直”与“曲”是可以相互转换的。众所周知，人学习知识需要经历三个阶段：一是知识的发现与形成阶段；二是知识的迁移与运用阶段；三是知识的整理与结构化阶段。第一个阶段属于“发现性学习”，从生活现象和问题解决中发现规律、提炼知识，需要经历复杂而艰辛的知识探索过程，而不是简单灌输、直接告诉，宜“慢”不宜“快”，宜“曲”不宜“直”。第二个阶段属于“运用性学习”，将所学的知识在变化而复杂的条件下加以创造性的实践运用，在运用中化知为能、转识成智，获得知识的智能意义。这个过程重在对知识的实践体认和转化，宜由“慢”而“快”、由“直”而“曲”。第三个阶段属于“建构性学习”，是在实践经验的基础上，经过梳理、整合以及网格化，将知识纳入原有的结构系统，形成新的知识结构，进而形成新的认知结构。这个过程重在知识的抽象与逻辑化，宜“直”不宜“曲”。

二、化“平”为“奇”：创意挑战任务

俗话说：“熟悉的地方没有风景。”好课最忌讳的是“套路”，一遇到这样的内容，就不假思索地搬出熟悉的那一套教法。读课文的题目，总会问：“读了这个题目，你想知道些什么？”然后还是从识字学词开始教起，提问只是一种摆设，一个过场，甚至是一个烟幕弹。如此简单重复，教学就变得索然寡味。要保持教学的“新鲜感”，活动设计就要根据教学内容和学生需要进行“私人订制”，化“平”为“奇”。这里的“奇”是指活动设计“有新意”“有变化”“情理之中而又在意料之外”，既不落俗套，也不刻意追求奇思怪招。

一是创意情境。知识往往是“冷”的，但情境可以让它变“暖”；学习常常是“苦”的，但情境可以让它变“乐”。在一个具体的学习情境中，学生有特定的“角色担当”，有特定的“目标任务”，有特定的“组织形式”和“活动内容”，可以激发学生的主动性、积极性与创造性。教学《西门豹治邺》，我们紧扣西门豹烧的“三把火”，创设了三个情境复述任务：一是读了“调查民情”，让学生扮演西门豹，拟一道给魏王的奏折，将事实真相用50个字写清楚；二是读了“破除迷信”，让学生扮演老大爷，劝告逃到外地的百姓回乡来，把西门豹将计就计惩治官绅和巫婆的经过说生动；三是读了“兴修水利”，让学生

扮演西门豹，激励那些有怨言的民众，将开凿水渠的意义讲深刻。三次创造性复述，即使是“仿真”的情境，学生也能“身临其境”，全身心地投入到学习活动中。有情境的活动，就具有“唯一性”，就有真切的“体验”，就能获得“经验”，就能在“经验”的基础上建构起与生命自然融合的“个体知识”。

二是挑战智慧。很多教学活动之所以显得“平淡”，一个原因是活动缺乏“思维含量”，没有经历长时间的“艰苦思索”，就没有解开难题后的“学习快感”。在教学活动设计中，我们不妨故意设置一些“难题”，考验一下学生的学习智慧。要知道，学生天生有一种“不服输”的心理，有一颗天然的“好胜心”。教学活动“坎坷”一些，反而能让学生产生一种“新奇感”,获得一种“成功感”。教学《火烧云》，一般都要设计仿写活动，让学生想象火烧云的变化，将变化的过程“分步写具体”。这样的仿写是“近迁移”，不具有挑战性。我们设计了一个仿写活动：运用“间接写”，将“烈日炎炎”这个成语写成一段话，要求只能借用“霞光”一段中写到的事物和人物。学生居然被“逼”出了精彩：大白狗躺在树荫底下，伸出长舌头呼哧呼哧地喘着粗气；红公鸡不安地在林子里转来转去，红红的鸡冠也耷拉了下来，一副无精打采的样子；最可笑的是那只黑母鸡，走着走着下了一个蛋，转身一看，蛋居然熟了……

三是多元组合。学习活动可以千变万化，但是不变的是一个“动”字。具身学习理论告诉我们，身体的活动与大脑的思维是息息相关的。只有让学生身体的感官都“动起来”了，课堂才能“活起来”。听说读写，画一画，演一演……多元的活动组合，才能激活学生的思维与情感，语文学习才能变得“立体”起来，课堂才能呈现生动活泼的局面。教学李清照的《如梦令》，我们设计了三个教学活动：一是“读”，根据字的平仄读出“节奏”，学生一边做手势一边诵读，双手直竖为

“短”，双手平伸为“长”，节奏感就找到了；二是“讲”，按照时间、地点、人物、起因、经过、结果，先把一首词讲成一个故事，再把“争渡”这个细节讲成一段对话，后用上三个“没想到”，把故事讲得一波三折；三是“听”，播放蔡琴和尤静波演唱的《如梦令》，一个舒缓深沉，一个轻快甜美，让学生辩一辩：哪一个演唱更合李清照作词时的心境？“读、讲、听”的组合式学习，调动了学生整个身体和心灵来阅读、来体验、来思考，从课内读到了课外，从“读词”学到了“读人”。

三、从“线”到“块”：用时间换空间

设计教学活动需要把握两个维度：一个是时间维度，呈现出线性的时间流；一个是空间维度，呈现为物理空间和心理空间，物理空间是有限的，心理空间是无限的。教学设计一般都按照时间维度来设置教与学的活动，活动内容往往被分割成一个个“点”，教学将这些“点”串联起来成为“链”，看起来“点点相连、环环相扣”。然而，这样的线性设计，每一分钟都被“塞满”了，学生亦步亦趋地跟着教师“赶路”，每一个环节都匆匆而过，留不下足够的时间来充分思考与练习。如果将线性的活动整合成块状的活动，一节课设置 3~5 个教学活动板块，每个板块聚焦一个学习目标，留有 10 分钟左右的时间来展开教学过程，学生就有足够的时间来“折腾”，也有足够的空间来“升腾”。这样的板块设计以“学”为主，关注的是经历过程，而不是教学流程，看起来有点“糙”，学起来却很“嗨”。教师需要设计的不是承前启后的导语，而是针对学习现状的及时点拨，呈现出教学的多重交互，有点“乱”，但是“乱”中迸出“真知灼见”，“乱”中练出“真才实学”。当然，一节课中的几个板块活动是有内在关联的，呈现一种阶梯式的结构。

一是化零为整。将线性设计中零散的活动碎片，围绕核心目标整合为若干个综合性、立体式、多维度的活动板块。一个活动板块突出一个目标任务，设置多层面、多形式的实践活动，充分展现学习过程。朱自清的散文《匆匆》，教学点无处不在，叠词、排比句式、比喻手法、连串追问、情感变化……如果顺着课文“教”，看似教得多，实则学得碎。与其蜻蜓点水，不如取其一瓢饮，聚焦在时间的多个“意象”上：一是将八千多个日子比作“一滴水”，二是将每一个日子写作“一个人”，三是将八千多个日子比作“轻烟、薄雾”。借助这些“形象”的语言，在朗读、比较、仿写中，体会作者那种焦虑、自责、无奈与不甘的复杂情感，领会“匆匆”背后的人生思索与诗意表达。这样的“焦点”教学，有整体感，更有纵深感。

二是拾阶而上。登山就是“拾阶而上”，一步一步往上走，看得到进步，看得到变化。这样的教学设计，体现的是板块之间的“递进性”，而非“重复性”；“递进”在于“升级”，“重复”在于“熟练”。教学寓言《狐狸和葡萄》，无非就是讲讲故事、说说道理，但是从故事到道理之间，如果没有设计“过程”，就会造成思维的“脱轨”，体会不到“理解力”是如何生长起来的。我们设计了三个问题台阶：一问“狐狸到底想不想吃葡萄？”嘴上说不想吃，可“边走边回头”，身体却很诚实，骗的是自己；二问“这里的‘酸’到底指什么？”表面指葡萄酸，实际指心里酸，这就是“酸葡萄”心理；三问“‘酸葡萄’心理到底好不好？”乍一看不好，细一想，“放弃”是一种自我疗伤、自我安慰，也是一种人生智慧。这样的整体设计，体现了思维的进阶。

三是乱中取胜。所谓的“乱”，不是杂乱无章，而是一种无序中的有序。在一个板块活动中，每个学生都紧紧围绕目标任务，用自己的方式来思考、实践，七嘴八舌、议论纷纷，有个体的独立思考，也有小组的合作实践……这样的活动设计，不是线性的程序设定，而是板块的定向开放。这样的板块活动，往往设定一个主问题，或者设置一个任务群，教师需要把握活动要点，预测各种可能出现的问题，准备多种具有针对性的指导思路和点拨对策。教学《灰雀》一课，我们就设计了一个开放性的活动板块。朗读对话，先想一想：列宁和小男孩在对话时，心里各自在想什么？将列宁和小男孩心里想的话填在表格内。再议一议：为什么他们不把心里想的直接说出来呢？最后写一写：你认为什么是诚实？这三个学习任务都是开放的，没有统一的答案，每个学生都可以从文本中读出自己的见解。但无论是什么样的见解，都要以文本的语境为依据，是有理有据的思考。这样的板块活动，在有限的教学时段内，给学生打开了思维和想象的空间，提供了无限的可能性。如果一句一句地读，一句一句地揣摩人物的心里话，然后出示一个标准答案，给“诚实”下一个抽象的定义，就使教学的创造空间变得逼仄，看不到课堂教学中师生生命的活力。板块式的活动设计，本质上是以时间换空间：给予学生足够的时间，就能换来学生成长的空间。

阅读教学学习活动设计的误区、对策与方法

武凤霞

随着课程改革的进一步深入，教学应该带给学生哪些方面的成长、怎样的成长越来越清晰，社会、家长对于学生学习结果的要求也越来越高。就语文学科而言，人们已经不再满足于学生形成常规的听说读写能力，而是更加关注学生的综合学习、深度思维等高级能力的发展。而综合能力、高阶思维的形成与发展就成为常规教学方式或者教学设计不能承载之重，所以，打破原有的教学框架已经成为重要的课题，摆在每一位教育者面前。其中，为学生设计丰富的、合适的学习活动成为被普遍关注的话题，设计学习活动的能力也成为评价教师素养的一个重要指标。但现实教学中，教师的学习活动设计能力远远跟不上时代的需要和学生的发展，相当一部分教师甚至对学习活动是什么的认识都还不清晰，这就在很大程度上限制了教学改革的进程，阻碍了学生深度学习能力的发展。所以，对学习活动的深度认知和合理设计与运用就成了一个亟待解决的问题。

那么，什么是学习活动呢?

学习活动是一个经常被提起，但很多人却无法为它下一个定义的词，因为关于它的概念到现在也没有一个统一的、明确的解释。学术界使用较为广泛的是杨开诚的定义："学习活动是指教师为了达成特定学习目标而进行的操作总和。"关于这一个定义，华东师范大学邵丽

教授认为，这一概念中把“学习活动”定义为“操作总和”，有忽视学习活动的复杂性和动态生成之嫌，我个人也深以为然。那么，学习活动作为一个系统，必然是由一系列相互关联的要素组成。学界普遍以活动理论为学习活动设计的理论基础。也有观点认为：“活动理论认为活动是主体为达到一定目的，在既定的规则框架内使用工具，群体成员分工合作，实现与周遭世界的交往。”……可见，好的学习活动应该让学生产生“经历感”和“探索感”，在活动中推动学生认知、思维与实践能力的深入发展。正是因为教师对学习活动的概念认识不够清晰，所以，教师在学习活动的设计和使用方面存在着十分明显的误区。具体有以下两种：

误区一：把浅层活动看成学习活动的基本样态。说到学习活动，很多老师认为自己每节课都在带领学生进行学习活动，学习活动在课堂学习中无处不在。从广义上讲，这样的认识是有道理的，因为学生在教师的提问中读书、思考，发表自己的观点是学习活动；为了促进理解进行的朗读、默读是学习活动；对文章进行理解、分析、反馈是学习活动；小组合作解决问题也是学习活动；等等。但不能不承认，这些都是简单的学习活动，在这样的学习活动中，学生囿于字词中，纠缠于句段里，留恋于对浅表知识的学习，习惯于对问题的浅层认知，既不能把知识形成网络，又不能使思维更加深刻，所以，学习的效度大大降低。像这样问题单一、思考单向、反馈单薄的活动我们称之为“浅活动”。但是很多教师把浅活动看成是学习活动的基本样态，小学如此，中学也不乏其例。曾经看到一位中学教师以“设计学习活动”为主题谈一节课的教学设计，大约是这样几个环节：读第 3、第 4 自然段，选择自己认为写得好的句子来读，然后合作朗读，读出喜爱之情；画出你认为最有味道的句子，说说语言表达的精妙；找一找哪些鸟让作者感觉悲苦，选择其中一只鸟开展创造和想象活动，补充它和作者的对话……在这个课例中，不仅教者认为自己一直在为学生设计有价值的学习活动，评课者也同样站在活动精妙的角度大力褒扬，但这恰恰说明了当下大多教师对学习活动认识的不足。

误区二：让学习活动以“真”的形式做“假”的呈现。这句话看似有点矛盾，但就存在于许多教师的教学之中，普遍到我们都已经习以为常，甚至认为这就是学习活动应该有的样态。这里所谓的“真”指的是形式，比如学生针对某一个观点进行交流，小组合作完成某一个学习任务等，这些交流、合作的形式的确是“真”的存在，但关键是学生在这样的“真”形式中呈现的并不一定是“真”的学习。具体表现是学生还来不及思考，活动就已经结束；只有优秀的学生说出了自己的观点，大部分学生还在回味，活动就已经结束；好不容易产生了不同意见，还没有交流出一个结果，活动就已经结束。公开课上这样的学习活动更是承载着很多“假”的学习经历——因为课前的预习基本到位，很多学生心中已经有了定论，这个时候的交流合作其实就是做个好样子给大家看看而已。诸如此类的学习活动，即使做出认认真真的研究状态，即使有热闹精彩的汇报交流，也只能用一个“假”字来定义，因为活动中没有思维火花的绽放，没有真正的思维碰撞，没有真正提高学习的深度、学习的效度。

那么，怎样的活动是真正的学习活动呢？

第一，能促进学生高阶思维的发展。真正的学习活动不会停留于接受信息层面，也不会止步于简单的读书、背诵，或者回答简单的问题，做流于表面的沟通，因为这样的学习活动带给学生的仅仅是知识的积累，是低层次的思维活动。真正的学习活动应该给予学生在文本中涵泳的机会，可以让学生通过阅读、理解、甄别、鉴赏、综合、概括等方法得出某种结论，或者对某种现象做出解释，能完整阐述自己的观点，并且用语言、行为等方式表达或者表现出自己的理解。一句话，应该呈现出高阶思维发生和发展的过程或特质。

第二，能体现对知识的深度学习。知识是有深浅之分的。比如平时我们在教学中，引导学生对字词义形意进行理解，对比喻、拟人等常见修辞手法的认识、体悟与交流，乃至对文章构段、构篇方法的了解等，对于学生尤其是中高年级的学生来说都可以说是浅显的知识，因为这些知识要么没有触及内容的本质，要么是旧知识的再现，要么是碎片化的存在。真正的学习活动必须要能体现对深度知识的学习，比如在识字中了解了字理，在体悟词语中知道了用词的准确，在认识修辞时懂得了运用不同修辞手法的精妙，在解构篇章结构时明晰了如何突显文章主旨等，这些知识藏于浅显知识背后，需要教师带着学生向前跨一步才能发现，这样的学习活动触及了学习主题或者核心表达形式，给予了学生鉴别、论证、提出解决问题方案等深入运用知识、系统思考和研究的机会，这才是真正的学习活动。

第三，能打通文本之间、学科与学科之间、课堂与社会之间的联系。真正的学习活动应该着眼于对问题的深度分析和解决，这就要求学生必须以当下学习的文本或者讨论的话题为核心，引入更多同质或者异质的文本来支撑或说明某一观点，解决某一问题。比如带领学生学习季羡林先生的《自己的花是让别人看的》一文，要想让学生体会到季羡林先生对德国小巷鲜花满窗景色的留恋，感受他自内心洋溢而出的喜爱，就可以用李广田先生的《花潮》一文中对看花人流连花下姿态的描写作为补充。再比如学习科普说明文《大自然的文字》的写法，就可以拿科学工作者对同一现象的描写做对比。当然，很多时候还需要联系课堂以外的生活和社会背景来引发深度思考，有人说，学习与生活的社会背景联系越紧密，学习的真实性就越强，真实性越强，就越容易让学生产生深度学习的欲望，真正的学习就是在这样的基础上发生的。

第四，能激发高水平对话的产生。所谓的高水平对话，在我看来，不仅指对话本身能紧紧围绕主题而不旁逸斜出，同时对话者对事物的认知、对问题的看法都应该有创造性的认识，而且对话者之间能够相互激发，让喷薄的灵感带领对话人的认识或思维完成新的升华。所以，高水平对话不仅仅指对话本身的质量，还包含着对话人之间彼此的推动和点燃。在这样的学习活动中，学生充分思考与交流，不断提炼、概括、甄别与完善，在相互理解、彼此接纳中形成更加完整的认识，让个人的表现与表达更趋于接近文本所呈现的真实，促进自己和同伴的认知得到进一步提升与发展。

那么，怎样才能设计出优质的学习活动呢？

首先，要有意识地给予学生广阔的学习时空。这里的“时空”指的是时间和空间的聚合。有时间不一定有空间，空间必须依托时间才能真正存在，所以，要想在学习中为学生提供时空，就必须保证时间和空间同时存在，也就是说，教师在设计学习活动的时候，既要用大问题撑起学习的空间，又要有足够的时间作为保障。但教学中能够让两者很好融合的学习活动依然凤毛麟角。比如说，前面所谈到的那位中学语文教师所列举的学习活动，学生要么朗读课文，寻找吻合问题的相关语句；要么抓住句子，从字里行间体会情感；要么在对鸟生活的想象中完成语言实践，每一个环节的学习活动都是单线的，思维都是单向的，回答都是单纯的。因此，没有大空间问题的引导，即使留给学生再多的时间，也不能给予学生广阔的学习时空。也曾经看到浙江何必钻老师执教《雅鲁藏布大峡谷》一文，教师在引导学生想象画面时，设计了这样一个学习活动：引导学生结合《观潮》想象雅鲁藏布大峡谷景色的壮丽，同时通过阅读，比较同是自然景观，雅鲁藏布大峡谷的壮丽与钱塘江大潮的有着怎样的不同。这个学习活动的设计就很有时空感，首先用两篇文章撑起了学习的空间，然后在对比阅读中再现景色的壮美。因为学生已经学习过《观潮》，已经直观地感受到了钱塘江大潮的震撼，所以，学生会无意间把两者做一个融合，并在此基础上，结合课文的描述产生新的想象。如此，不仅完成了新旧知识的对接与转化，还通过对语言文字阅读的理解生成了新的创造性想象。在这样的活动中，学生有机会在新旧知识、新旧画面、新旧文本、新旧认知之间不停地转移腾挪，学习也就变成了一件让自己成长的事情。

再比如，浙江官正华老师曾经谈到《夸父追日》一课的学习活动设计，其在引导学生复述课文的时候设计了两个板块：一是讲短故事，二是讲好故事。讲短故事就是要求学生概括地讲，讲好故事就是让学生详细且发挥创造性地讲。简单的板块，为学生留下了更大的读书思考空间：该怎样把故事讲短？哪些内容该省略？为什么省略这些内容？该抓住哪些内容来讲才能够短而清晰？怎么讲好这个故事？哪里要详细讲？该辅助以怎样的表情或者动作才能让故事更生动？等等。学生的学习能力就在这一系列问题的自我思考和同伴互助中形成了。学习时空对学生成长的价值就在于此。

其次，让活动在复合的学习内容中发生。所谓的复合就是指物体因某种原因而结合起来。复合的学习内容就是把多篇文本按需要组合在一起供学生学习的内容。一般有三种形式的复合：一是以所学文本为主，融合进同质的课外文本，为学生提供更多的学习资料；二是以单元为整体进行教学；三是根据主题把教材中的文章进行重组。三种方法共同的本质是打破一篇文章学习的常规，让学习内容丰富化、多样化。提供复合的学习内容的最大益处就是用文本为学生架构起学习的广阔空间，文本之间互相解释，互相补充，从不同的维度呈现共同的主题，或说明共同的问题。多篇文章的组合学习，容易跳出单篇文章教学精雕细刻的窠臼，从大局着手，通盘考虑，更易让学习活动真正发生。当然，文章组合的方式有很多，比如：可以是按照叙述主题组合，把描写景物的文章组合在一起，组合中可以有现代诗歌、古诗词、散文等，让学生在阅读中不仅感受到不同景物的不同美好，同时还可以看到不同文体不同的表达方式；还可以按照文体形式组合，如散文篇、小说篇、神话篇等，因为文体相同，所以有很多共有的特点，学生可以类比阅读，对于掌握某类文体的表达方法很有效。很多教师已经开始研究小学教材的单元重组，比如薛法根老师和他的团队就曾经对苏教版六年级课文进行了这样的重组：描写事物的记叙文主题——《美丽的南沙群岛》《海底世界》《恐龙》《庐山的云雾》《荷花》《槐乡五月》；描写事件的记叙文主题——《翻越远方的大山》《雪儿》《花瓣飘香》《赶海》；描写人物的记叙文主题——《菩萨兵》《李广射虎》《少年王勃》《大作家的小老师》，其他还有叙述事理的记叙文、童话（科普）、神话（传说）、诗歌等不同种类。在这样的组合中，不同的文章形成了一个整体，站在整体的角度学习更能培养学生的贯通意识，更能让学生将所学化为所用，将理解化为表达。

曾经听郑州市陇西小学吴丰老师教学统编教材三年级上册第六单元《古诗三首》。三首诗分别是《望天门山》《饮湖上初晴后雨》《望洞庭》，看似分别描绘了波澜壮阔的长江从天门山中间奔流东去的雄奇景色、西湖在不同天气下呈现的不同风姿，以及色调和谐、淡雅无比的洞庭美景，实则共同勾勒出一幅祖国山河的壮丽画卷。虽然同为写景，但是景物特点、表现手法、诗歌气质却各不相同。吴丰老师把三首诗复合起来进行教学，以“比较”为主要方法进行学习活动：比较朗读，大气磅礴和温润如玉是两种不同的诵读风格；比较景色，长江的大气，西湖的秀美，洞庭的静谧，它们的美是不同的。整节课打破了古诗词教学的常规，学生在不断地切换中比较、理解，让学习走到了一个新的高度。

最后，用明确的任务群为学生提供活动的任务。“任务群”是高中语文课程中的概念，小学虽然没有特别提出，但是也已经渗透了一些重要的元素，比如说，统编教材对每一单元的教学目标提出的“双线并进”原则，在一定程度上就是在任务群的基础上设定的。有效的学习活动必须靠明确的学习任务来支撑，因为学习活动都是在有效的教学目标的驱使之下进行的，而目标是遥远而虚无的，只有在分解成一个个学习任务的时候，才有达成的可能。比如前面所谈到的《古诗三首》的教学目标有三点：

①认识“亦、宜、庭、未、盘”等5个生字，读准多音字“抹、磨”，会写“楚、初、遥”，理解“潋滟、空蒙”等词语，有感情地朗读古诗。

②想象诗中描绘的景色，尝试用自己的话说出课后习题中诗句的意思，背诵古诗。

③ 体会祖国山河的壮美。

三个目标中，“有感情地朗读古诗”“想象诗中描绘的景色”“体会祖国山河的壮美”几个要求都是笼统的、概括的，学生虽然可以通过体会文字、观看图片和视频获得浅表性的理解和认知，但是真正有价值的直抵心灵的体会必定是在一个个活动之中，或者说在对一个个目标任务的完成之中。所以，教师才有了以各种形式的朗读为主的学习活动，才有了以“抓字词想象”“听声音想象”“看画面比较”等不同形式体会景色壮美的学习活动。这一个个小小的任务构成了任务群，支撑起了学生的整个学习过程。

也曾经听无锡市崇宁路实验小学季琳老师教学《麋鹿》一课。这是一篇说明性散文，很难让学生学得有趣、生动和深入，但是季琳老师抓住“珍贵”和“奇异”两个核心词引领学生提出了一系列问题：为什么说麋鹿奇异而珍贵？“奇异”在哪里？又为什么“珍贵”？文章是怎么介绍的？然后教师巧妙地把一系列问题转化为揭秘麋鹿特点和探究文章表达方法的任务群，让学生分小组在全文的描述中发现并借用表格进行梳理，将教师补充的“梅花鹿”“马鹿”等七种不同种类鹿的怀孕期和产崽数量与文章介绍相比较，从中发现作者介绍的独具匠心。就这样，学生在对文字的比较品味中、在共同的交流思考中圆满完成了整节课的学习。任务群对于学生学习的魅力在本节课得到了充分彰显。本节课的成功也许正诠释了建构主义的观点：学习发生于真实的学习任务中。不仅是因为“真实的学习任务有利于激发学习者的学习主动性，而且是因为客观活动是个体建构知识的源泉”。

总而言之，良好的学习活动打破了教师“带着知识走向学生”的惯性，建构了“带着学生走向知识”的教学新思维，这种转换让我们有机会享受“伫立在学生身边看他们走路”的教育境界，这真是一件美好的事情。

教学设计的三个着力点

张学伟

俗话说："光说不练假把式，光练不说傻把式，能说会练真把式。"

教学设计能力是一位教师的硬实力。

它至少包含着三种能力：

（1）文本解读能力。

这里的解读文本，不是文学解读，我们应该称之为教学解读。简言之，就是在文本的文学解读的基础上，选取合适的内容作为教学内容教给学生。比如一本《红楼梦》，包罗万象，一定有些东西是适合学生阅读和领悟的，也一定有些是不适合的。"弱水三千，只取一瓢饮"，能找到那最适合的"一瓢"，这就是教学解读，也是教师的真功夫。

（2）课程内容开发能力。

今天的语文课，已经不是传统的"单篇课文"一统天下、"两个课时"包打前敌的时代了。今天的课型至少包括"单篇阅读""群文阅读""整本书阅读"三种形式，所以，教师除了要具备研究单篇教学的精深眼光之外，还要有纵览群文的广阔视野。当然，更要有去芜存菁的思考。具体到某一课的设计，或是深度，或是广度，都需要教师有一定的课程开发的意识和能力。

以上两条解决"教什么"的问题。

（3）活动策划能力。

这一条解决“怎么教”的问题。

确定了教学内容之后，教师就应该以活动策划者的身份出现了——创设有利于学生阅读思考的情境，设计学生喜闻乐见的活动，让学生在学习实践中达成教学目标。

以上三种能力，缺一不可。也是很多老师目前暂时欠缺的。

那么，我们应该怎样进行教学设计？有没有可以看得见摸得着的“抓手”？

我结合自己备课的经验，谈一谈教学设计的三个“着力点”，供大家参考指正。

一、着力阅读——“厚”

苏联教育家苏霍姆林斯基说：“让学生变得聪明的办法不是补课，不是增加作业量，而是阅读，阅读，再阅读。”学生的成长——知识的增长，能力的提高，思想的启迪，情感的熏陶，品格的铸就很大程度上源于阅读。阅读对一个人的终身影响自不必说。

那么，教学设计如何走向“厚”的阅读？

（一）从一篇走向一本书

教材中有些课文选自名家的经典作品。如五年级下册古典名著单元，选取了《草船借箭》《景阳冈》《猴王出世》《红楼春趣》；六年级下册的《鲁滨逊漂流记》《骑鹅旅行记》《汤姆·索亚历险记》；四年级下册的《小英雄雨来》《芦花鞋》（选自《青铜葵花》）……这些课文，都是名著的一个窗口，它们都承担着吸引学生走进名著，引导学生畅读名著的任务。所以，教学设计时，除了体会课文中语言的趣味，体会表达的效果，更多的还是要感受人物形象的鲜活，故事情节的曲折生动。此外，非常重要的是别忘了名著这面背景墙，在教学中，不应该局限于课文，而应该将人物的命运、性格勾连名著，用名著的背景映射人物的悲喜……把学生的目光引向名著，使他们喜欢名著，捧起名著，阅读名著。

教学《猴王出世》，第一步：阅读猴子跳跃奔走的一段话——

> 那猴在山中，却会行走跳跃，食草木，饮涧泉，采山花，觅树果；与狼虫为伴，虎豹为群，獐鹿为友，猕猿为亲；夜宿石崖之下，朝游峰洞之中。

体会短句的节奏轻快，正好暗合猴子喜欢动，蹦跳欢快的样子。表达形式与内容高度统一。

第二步：阅读猴子的对话——

> 众猴拍手称扬道："好水！好水！……"又道："那一个有本事的，钻进去寻个源头出来，不伤身体者，我等即拜他为王。"
>
> （石猴）应声高叫道："我进去！我进去！"

体会猴子语言的急促和重复，凸显猴子调皮可爱、急躁的特点。

第三步：结合《西游记》中各种情景，让学生想象猴子的语言（这里已经把故事引向原著）。

第四步：分析课文中孙悟空的两次出世——石猴出世（石开猴出）、猴王出世（号称美猴王），讨论《西游记》中孙悟空还有哪几次出世，如"齐天大圣"出世、"行者"出世、"斗战胜佛"出世……把"出世"延伸到原著中，使学生对后面故事脉络和人物命运也有大概认识。

此所谓：从一篇走向一本书。

（二）从一篇走向一个人

四年级下册第三单元《短诗三首》，选取冰心《繁星》里的三首。六年级上册第八单元，被称为“鲁迅单元”。毫无疑问，它们有引导学生走近作者，阅读作家作品之意。如“鲁迅单元”安排的几篇课文——《少年闰土》是鲁迅的小说，《好的故事》是鲁迅的散文，《我的伯父鲁迅先生》是回忆鲁迅的文章，《有的人——纪念鲁迅有感》是臧克家歌颂鲁迅的诗，也是对鲁迅精神的概括和赞誉。

课文组合是立体的，我们的教学更应该以鲁迅作品的宏大背景作为依托——从闰土到《故乡》，进而到鲁迅的小说；从《好的故事》引向鲁迅的散文；《我的伯父鲁迅先生》启发学生阅读鲁迅的故事，了解鲁迅的生平……课本容量是有限的，但是学生的阅读空间是无限的；课堂的空间是有限的，学生课下的追寻和思考是无限的。

读一篇课文，走近一位作家，这是一个浩繁的工程，但也是极有意义的探索。

此所谓：从一篇走向一个人。

（三）从一篇走向一类书

统编教材的一大特点——文本体裁和内容结合，人文主题和语文素养结合来确定单元内容。

四年级“现代诗单元”“童话单元”；五年级“散文单元”“民间故事单元”“古典名著单元”；六年级“小说单元”“世界名著单元”……这些单元篇目的教学，除了把学生引向“深”，向整本书阅读拓展，还要引向“广”，让学生把各篇课文各个作品横向对比、联系，产生疑问和思辨，从而在阅读和思考中走向这类文章或者这类书的阅读。

此所谓：从一篇走向一类书。

这样的设计，着力阅读，力图让学生把书读“厚”，让他们看见文本背后的山川江河。

二、着力表达——“活”

语文教育家吕叔湘先生说：“语文教育的目的是：提高运用语言文字的技能，养成运用语言文字的良好习惯，达到运用语言文字的高境界。”他还题词：“语言之妙，妙不可言。”

我们的语文教学设计，就是要揭开语言表达的“暗箱”——与学生分享“语言的妙处”，让学生发现表达的秘诀，用情境的创设让学生实践，让学生蓄存语言的感觉。

迁移，是教学设计中最常用的方法，它大致有两种形式：

（一）课内迁移，深化主题

读写结合是课堂经常组织的简单有效的活动。读写迁移的切入点首先还是应该关注文本内部，课文内的迁移往往会得到事半功倍的效果，达到“读中学写，以写促读，深化主题”的效果。

寓言《鹬蚌相争》教学中，我引导学生从鹬和蚌争吵的语言——鹬说：“今天不下雨，明天又不下雨，干死你！”蚌说：“今天拔不出来，明天拔不出来，饿死你！”——发现“争吵语言”的特点：说狠话、用短句、针锋相对。

然后创设情境：鹬和蚌被渔夫捉进篓子里，它们还会怎样呢？让学生续写：

鹬说：“都怪你！都怪你！____________”

蚌说：“都怪你！都怪你！____________”

这样的练习，既围绕“争吵语言”的特点进行了语言实践，又促进了学生对寓意的理解。

《穷人》一课，在体会桑娜忐忑不安的心理活动描写之后，总结出“念头纠结”的表达方式，然后，抓住后文中丈夫的一处细节描写——“渔夫皱起眉，他的脸变得严肃、忧虑”，让学生想象渔夫的心理活动，可以预见，当学生通过想象再现了渔夫当时片刻间的思索、犹豫，甚至纠结之后，这对穷人夫妇的善良感人的形象便已经深深地印在他们的心里了。

萧红的《祖父的园子》最精彩的语言就是表达任性和自由的语句：

> 一切都活了，要做什么，就做什么。要怎么样，就怎么样，都是自由的。倭瓜愿意爬上架就爬上架，愿意爬上房就爬上房。黄瓜愿意开一朵花，就开一朵花，愿意结一个瓜，就结一个瓜。若都不愿意，就是一个瓜也不结，一朵花也不开，也没有人问它。玉米愿意长多高就长多高，它若愿意长上天去，也没有人管……

引导学生进入“祖父的园子”，体会小作者的任性和自由之后，他们也来练笔，借物抒情：

豆角愿意长得长就长得长，愿意长得短就长得短，愿意长得粗就长得粗，愿意长得细就长得细，就算长到天上去，也没有人管。辣椒愿意穿红袍就穿红袍，愿意穿绿衣就穿绿衣，愿意长得苗条就长得苗条，愿意长得丰满就长得丰满。冬瓜愿意长多胖就长多胖，长到两百斤也没有人管……

鲜活的语言出自他们的笔下，他们分明感受到了小作者的自由！

（二）生活迁移，活化语言

有时候，课内迁移不太适合，可以进行课外迁移，让学生的目光投向丰富多彩的生活。

五年级上册《白鹭》中有一段精彩的描写——

那雪白的蓑毛，那全身的流线型结构，那铁色的长喙，那青色的脚，增之一分则嫌长，减之一分则嫌短，素之一忽则嫌白，黛之一忽则嫌黑。

这诗一般的语言，正是散文诗的特点。整齐的句式“那……的……，……之一分则……”，让学生感到新鲜，又有感染力。而平时我们写自己喜欢的小动物只会说“它长着……，它有……”，显得平淡，感情不强烈。作者“那……的……”句式里饱含着多少喜爱和赞美！这还不够，还要加上两组四句的评价“……之一分则……，……之一分则……”，这些语言，多么鲜活生动，多么有冲击力！

学生发现这个表达方法之后，迫不及待地开始模仿，来描写自己喜欢的小动物。于是，他们身边的动物也“活”起来了。

四年级课文《观潮》，围绕着“江潮”（水）和“人潮”（人）来写出变化。

潮来前——

宽阔的钱塘江横卧在眼前。江面很平静，越往东越宽，在雨后的阳光下，笼罩着一层蒙蒙的薄雾。

江潮还没有来，海塘大堤上早已人山人海。大家昂首东望，等着，盼着。

看看，“水”是静的，“人”是动的。人山人海，昂首东望，等着，盼着——“人”的内心是非常激动的。一“静”一“动”，好像蓄势待发，一切都蕴含在文字里。这让我们对后面的潮水到来更加充满期待。

潮水即将到来了——

午后一点左右，从远处传来隆隆的响声，好像闷雷滚动。

顿时人声鼎沸，有人告诉我们，潮来了！我们踮着脚往东望去，江面还是风平浪静，看不出有什么变化。

看到了吧，“水”声远来，“人”声鼎沸，人动如潮了！“水”微动，“人”涌动。

潮水终于来了——

那条白线很快地向我们移来，逐渐拉长，变粗，横贯江面。再近些，只见白浪翻滚，形成一堵两丈多高的水墙。浪潮越来越近，犹如千万匹白色战马齐头并进，浩浩荡荡地飞奔而来；那声音如同山崩地裂，好像大地都被震得颤动起来。

白线变水墙！水墙变成“千军万马”！一切只在转瞬间！眼前已经是“浩浩荡荡地飞奔而来”的“战马”，耳中已经是“那声音如同山崩地裂，好像大地都被震得颤动起来”。

潮去时——

霎时，潮头奔腾西去，可是余波还在漫天卷地般涌来，江面上依旧风号浪吼。过了好久，钱塘江才恢复了平静。看看堤下，江水已经涨了两丈来高了。

潮来时排山倒海，一泻千里，潮去时竟是余波渐息，仿佛久久不愿离去。这一“快”一“慢”，再加上开始漫长的平静，像不像一曲激昂澎湃的交响乐曲呢？

对了，这就是课文的语言带给我们的节奏。

你一定注意到了，在潮来的这一部分，竟然完全没有“人”的描写。一股脑儿描写的净是潮水的惊人气势！只是在最后，当“钱塘江恢复了平静”，才又忽然想起似的，写了一笔“人”——“看看堤下，江水已经涨了两丈来高了”。

那么，潮来之时，作者真的是忘了写“人”吗？

不是的，不是忘了写，是压根儿顾不上写！那个时候，满眼都是“千万匹白色战马”，满耳都是“那声音如同山崩地裂”，谁还顾得上看人呢？这正是告诉我们，潮水的气势有多么震撼！直到最后，一切恢复平静，这才又看似闲笔地写了一句“看看堤下”，于是全文戛然而止。怎么样？是不是有种余音不绝的感觉？

最后，告诉学生四字秘诀——“我在现场”。

很多学生的文章里，尤其是这种写景观的文章中，都会只写景物如何如何，却很少写到自己的一些感受，于是给人的感觉往往是“我”莫名其妙地消失了。而像课文这样，“江潮”和“人潮”交融在一起写，“潮”变“人”变，这才是写作高手！

此时，我们再让学生来写一段生活场景，比如“暴雨突袭”“漫天大雪”……学生就会把“我”放在其中，把生活的场景激活唤醒。

无论是课内迁移还是课外迁移，最重要的是找准那个迁移的“眼”。那个“眼”，离课文不远，离生活很近，既贴近学生心理，又融化表达方法于无形。这种“活”的境界，是我们共同追求的。

吕叔湘先生说：“成功的教师之所以成功，是因为他把课教活了。”“如果说一种教学法是一把钥匙，那么，在各种教学法之上，还有一把总钥匙，它的名字叫作‘活’。”

着力表达，重点在于“活”。

三、着力策略——“用”

统编教材的一大特点是阅读策略单独成为单元。三年级的“预测”，四年级的“提问”和“批注”，五年级的“阅读的速度”，六年级的“阅读的目的”……这为我们提供了一种新的教学设计的方式：着力于策略。整个教学设计可以围绕某一种方法、某一项技能或者某一个策略展开。

著名教育专家支玉恒老师曾经在执教《为人民服务》一课时，面对这篇小学生读来略显枯燥的议论文，根据文本特点，设计了围绕着“句读”和“层读”两种阅读方法的教学。

上课伊始，教师先是带着学生用“句读”的方法学习了第 2 自然段——

> 人总是要死的，但死的意义有不同。中国古时候有个文学家叫做司马迁的说过：“人固有一死，或重于泰山，或轻于鸿毛。”为人民利益而死，就比泰山还重；替法西斯卖力，替剥削人民和压迫人民的人去死，就比鸿毛还轻。张思德同志是为人民利益而死的，他的死是比泰山还要重的。

然后他又引导学生用“层读”的方法学习了第 4 自然段——

我们都是来自五湖四海，为了一个共同的革命目标，走到一起来了。我们还要和全国大多数人民走这一条路。我们今天已经领导着有九千一百万人口的根据地，但是还不够，还要更大些，才能取得全民族的解放。我们的同志在困难的时候，要看到成绩，要看到光明，要提高我们的勇气。中国人民正在受难，我们有责任解救他们，我们要努力奋斗。要奋斗就会有牺牲，死人的事是经常发生的。但是我们想到人民的利益，想到大多数人民的痛苦，我们为人民而死，就是死得其所。不过，我们应当尽量地减少那些不必要的牺牲。我们的干部要关心每一个战士，一切革命队伍的人都要互相关心，互相爱护，互相帮助。

在学生明白了这两种方法，并且知道了在什么时候合理运用之后，支老师把剩下的课文放给学生，让他们自由选择，运用两种方法去读懂课文。

认识，学习，运用。这篇小学语文教师避之唯恐不及，特别容易上成思想教育课的《为人民服务》，在支老师手中点石成金！而他的设计最大的秘诀就是围绕“句读”和“层读”的学习策略展开教学。

教学说明文《太阳》，支老师创造性地让学生用“大队长—中队长—小队长—队员”来表示句子和段落之间的关系，在理清文脉和认识说明方法的过程中，学生分析、归纳、演绎，进行了完整的思维训练。这节课的内核，也是以“归纳演绎”的学习方法为落脚点的。

《匆匆》一课的教学，支老师更是大开大合。全课只有三个环节——“用心灵去朗读”“用心灵去倾听”“用心灵去倾诉”，学生就在这样的学习策略指引下,忘情地读,用心地体会,尽情地表达。“朗读—倾听—倾诉”，这不也是围绕学习策略展开的教学吗?

着力策略，“用”字当头。简单又实用的教学设计。

语文教学设计还可以有其他的着力点,比如“思维的训练点”“文本的关键点”“情感的触发点”等。总之，运用之妙，存乎一心。心存“语文素养”之念，目聚“语言文字运用”之神，以生为本，以学定教，找准着力点，设计层层递进、生动活泼的语文活动，就是最好的教学设计。

小学语文阅读教学设计的有效策略

林志芳

小学语文教学设计是一种实践活动，它是设计者（教师）将自己的知识、经验及直觉投射于未来，以期改变学生学习现状的活动，也是为了解决教学中的问题而进行的创造性的思维活动。小学语文教学设计的过程就是教师通过对学生某一语文内容学习需求（与困难）的分析，综合运用分析、归纳、判断等思维方式，创造性地提出解决问题的方案的过程。当代小学语文教学设计日益走向成熟，一代又一代的小学语文教师在教学设计中积累了大量行之有效的实践经验，形成了富有语文学科特色的设计智慧。本文将聚焦小学语文教学设计中发现问题、解决问题的核心过程，结合当代小学语文名师的设计案例，寻找优秀小学语文教学设计所具备的特点与品质，总结小学语文教学设计的有效策略。

一、设计问题的发现：创造性与合理性的统一

设计问题就是教学设计中需要设计的具体教学问题。设计问题的发现即设计者对“所教内容中哪些具体问题需要设计”的判断与选择。设计者只有明确了“我要对什么具体问题进行设计”之后，才能考虑“怎么设计”的问题。小学语文教学的设计者必须先具有问题是否需要设

计的洞察力。设计问题需要被解答，也需要被发现。在文本解读与学情分析的基础上，发现需要设计的问题是教学设计的起点。高品质的设计问题是创造性与合理性的统一，它要求教师在文本中发现常人不容易察觉的具有语文学习价值的要素，并依据对学生学习需求的判断将其转化为新颖的设计问题，这些问题要具有适当难度，能够对学生的思维形成挑战，引领其进入深度学习。

（一）唤起惊异感，于平常处见奇崛

高品质的设计问题源自教师对文本新颖独特的解读。当教师在文本解读中经由文字进入文字背后所蕴含的作者丰富的精神世界，真切地体会作者写作时的呼吸与心跳，体会作者曾经的喜怒哀乐，并将其与自己切身的生命体验相联系比较，发现并体悟到符号本身带来的意蕴与美感时，就能够还原文字符号背后的惊异与渴望，发现常人不易察觉的细微而生动的语文学习内容。在此基础上，教师依据对本阶段课程学习目标以及学生认知水平的权衡，筛选出需要设计的教学问题。这些问题，能够在平常处见奇崛，唤醒知识背后隐藏的活力与惊异感，引导学生从常规的、习以为常的文字中发现新的意义维度。例如王崧舟老师在解读《一夜的工作》时注意到了其中一段写总理办公室陈设的文字："这是一间高大的宫殿式的房子，室内陈设极其简单，一张不大的写字台，两把小转椅，一盏台灯，如此而已。"王老师在阅读中敏锐地发现："那是一间高大的宫殿式的房子"与后五句所形成的某种强烈而鲜明的对比。"宫殿式"这个词意味着什么呢？这所房子曾经是一座宫殿。那么，这所房子曾经是谁的宫殿呢？查阅资料，他发现这座房子曾经是晚清摄政王载沣的官邸，也曾经是袁世凯的官邸。于是，他将"引导学生通过宫殿式的房子理解总理办公条件之简朴"作为设计问题，在教学时，他设计了引导学生猜测与想象的环节：这间房子里曾经有过什么？通过想象，房子中曾经有过的一切奢华与富丽

堂皇纷纷“出场”：流光溢彩的水晶吊顶、松软厚实的羊毛地毯、价值连城的名人字画、稀世罕见的金玉贡品……有了这样的想象，再来重新审视总理办公室的陈设：“一张不大的写字台，两把小转椅，一盏台灯，如此而已。”难怪作者会说“极其简单”！就这样，王老师通过文本解读时发现的“宫殿式”这一常常被忽略的语词，将其作为设计问题，带领学生经由想象，发现了文字背后巨大的反差，从而体会文本言说的张力、感染力、穿透力与震撼力。

（二）把握难度，形成教学设计的坡度

语文教育要在发展学生语言能力的同时发展学生的思维能力，就必须把握教学设计的难度。有一定教学难度的教学内容以及由此确定的设计问题，能够对学生的认知形成挑战，引导他们的思维向高阶思维迈进，进行深度学习。李吉林老师认为语文学习要“有趣、好玩、有难度”，这其中所指的趣味性、游戏感是容易被小学语文教师重视的，而“有难度”对于教学设计与学生学习的意义却常常被忽略。事实上，相对简单的学习内容固然会带给学生心理的安全感，但完全没有挑战性的学习内容难以激发学生深层的学习兴趣，也无法在知识学习的过程中磨砺他们的思维。好的设计问题一定是具有一定难度的，这种难度带来教学设计的坡度，蕴含着教学设计的势能。例如，朱雪丹老师在设计《小蝌蚪找妈妈》一课时，将“引导学生在学文看图的过程中了解小蝌蚪长成青蛙的过程”作为设计问题，这一学习内容对一年级的学生来说具有一定的难度。在具体设计上，教师在三个较长的段落上用力，从句到词，从词到段，抓住段与段之间的联系设计朗读、提问等环节，最后，要求学生口头叙述“小蝌蚪是怎样变成青蛙的”，达到设计意图，完成了教学目标。

二、设计问题的解决：科学化与艺术化的共振

在明确设计问题的基础上对设计问题进行综合分析，运用创造性思维，制订出解决方案的过程是小学语文教学设计的核心过程。设计问题的解决是教师运用创造性思维对课堂教学进行整体布局和细节处理的过程，也是教师将自己对文本创造性的解读转化为学生认知过程中的悬念、渴望与丰富体验的过程。分析总结当代小学语文教学设计的优秀案例，可以发现，成功的设计常常组合使用以下设计策略：

（一）嵌入情感，激发知识活力

语文学科具有丰富的人文内涵，蕴含着深厚的情感因素。在小学语文教学设计中，适当的情感嵌入能够将语文知识中所蕴含的情感因子激活，将单纯的文字符号还原为作者曾经深刻感触的喜怒哀乐，从而引发学生情感共鸣，深入理解文本，并在学习的过程中涵养情感、陶冶情操，进而形成良好的品德和正确的价值观。优秀的语文教师在文本解读中沉入文字，在字里行间触摸与体会文本中所蕴含的情感，聆听与感受文字背后作者的心灵倾诉，然后在教学设计中带着自己对文本的阅读体验，嵌入情感因素，以此感染学生，引发他们学习过程中积极的情感体验。窦桂梅老师被称为小语界的“激情玫瑰”，她在阅读教学设计的各个环节都会恰当地嵌入情感因素，以此为学生的学习创造良好的心理氛围和持续动力。她在设计《我的爸爸叫焦尼》一课时多次围绕文本，营造氛围，唤醒学生对父亲的情感体验，由此深入理解故事中父母离异背景下“父爱”的表现，达到了理想的教学效果。小学语文教学设计中的情感嵌入，必然受到语文学习任务的规约，不可因滥情而脱离语文课程的目标或者超出学生的心理认知状态。另外，成功的情感嵌入往往与情境创设相关联，它依赖于教师与学生个体的内在体验的唤醒，也折射出语文教学理想的态度追求与价值皈依。

（二）创设场景（或情境），引发深度沉浸式学习

创设场景（或情境）是小学语文教学设计常见的策略。根据课文内容设计或优选场景（或情境），在概念和情境、知识和经验之间建立起某种平衡和联系。优秀的教学设计者常常综合运用图画、音乐、课堂叙事等多种手段，将学生代入一种具体的场景（或情境）中，当学生身临其境，沉浸其中，其与知识相关的生命体验被唤醒时，他们可以更深入地理解课文所涉概念、知识与内容。李吉林老师曾经总结了“生活展示情境”“实物演示情境”“图画再现情境”“音乐渲染情境”“表演体会情境”“语言描绘情境”等多种情境设计的途径。根据课文的需要，这些途径可以单选，也可以组合呈现。优化的场景（或情境）可以在情境—教师—学生三者之间形成一种良性推进、多向折射的心理场。学生在心理场中，进入深度学习。这样的设计可以达到主客观的一致，智力、非智力因素的和谐，形成“正诱发力”，促进学生顿悟，在真切的情感体验中改变学生的认知结构乃至心理结构。

（三）利用具身认知，唤醒感知觉

在小学语文教学设计中，教师广泛采用具身认知方式，唤醒学生的感知觉，从而艺术地设计出教学支点，引导学生全身心地沉浸到语文学习的过程中。法国身体现象学家梅洛 - 庞蒂强调读者首先是知觉主义者，在与文本接触中他们形成了一个融合听觉、视觉、触觉、味觉、动觉等各种感觉于一体的物我交融的场域，在其中，读者与文本产生身体间的互逆的“交织”体验。英国哲学家怀特海指出，“这是教育中的一条原则：在教学中你一旦忘了你的学生有躯体，那么你将遭到失败。这是文艺复兴以后柏拉图式的课程的错误”。小学生的思维发展处于以形象为主的时期，知觉的有意性、选择性、精确性差，同时这一时期的儿童好奇心强，活泼好动，对事物敏感，直观的事物更能

引起儿童注意，身体参与的活动性设计更能加强学习效果。因此，朱雪丹、于永正、蒋军晶等名师的设计都反对太过注重把文本当作实际知识和抽象意义资源，而忽略文本引发的视觉、嗅觉和听觉意象的潜质。他们善于采用使用挂图、音乐、演示、动作表演等教学方法，让学生在鲜活的语言环境中学习知识，理解知识，使课堂教学呈现出活泼生动的气息。

（四）穷尽细节，给予学习心理的安全感

细节是知识在头脑中进行准确定向和定位的关键线索。在教学过程中，如果我们能把一些重要知识处理得细致入微、鞭辟入里，那么学生就会获得一种彻底的顿悟感和心理上的安全感。在教学中细节不是可有可无的东西，而是维系学生头脑中的知识概念并不断生存发展的重要思想土壤。这些细节越充分，学生头脑中概念的生命力就越旺盛。一个好的小学语文教学设计一定可以通过细节揭示知识体系中微妙而复杂的联系，教学过程中抓住细节则可以促进学生认知加工的深度与精细度。青年名师彭才华曾说，“我若讲一个东西，必将它讲透彻”。穷尽细节，一方面是指教师引导学生发现文本言语表达的细微之处，在品味典型细节中发现文字背后的丰富意蕴；另一方面是指教师在教学过程中把一些重要的知识处理得细致入微、鞭辟入里，并注意层层总结、步步回顾，通过多角度、螺旋式的教学，不断地引领学生逐步进入所授知识的世界。

（五）利用修辞化教学结构，提升设计的审美品格

所谓修辞化的教学结构，是指在构思设计教学过程时，将文章构思、文学创作时经常运用的手法，诸如呼应、并列、反复、层递、突降、留白等修辞手法转化运用至教学结构中，通过教学环节间的巧妙联系，使课堂教学呈现出强烈的艺术效果，带给学生具有高度审美化的学习体验。特别需要区分的是，这种修辞手法的转化运用不是在教

学语言上的，而是在课堂教学结构上的。例如王崧舟老师《枫桥夜泊》一课中所使用的“首尾呼应”式结构，其教学首尾闭合，似一个大大的圆。这种修辞化的教学，可以艺术化地表现《枫桥夜泊》中的“钟声”在中国文化史中的独特地位，强化学生的认知，达到良好的教学效果。又如蒋军晶老师常常在课堂教学时间的四分之三处提出有力量的问题，这种问题打破常规，将思考的触角引向其他的方向。问题一出，课堂的内容与情境往往产生大的转折与变化。其作用很像文学中的“突转”，使课堂呈峰回路转之势，有曲径通幽之意，总有些出人意料的东西耐人回味，令人深思。

课程设计，让整本书阅读落地生根

张晨晖

在统编教材把整本书阅读纳入教材体系，教材主编温儒敏先生多次提出阅读教学实施“教读—自读—课外阅读”三位一体的教学结构的大背景下，许多专家学者提出了“整本书阅读课程化”，希望将整本书阅读作为小学语文课程中一个必要的组成部分。那么，如何将整本书阅读纳入教学体系，如何构建“整本书阅读”的课程体系，为整本书阅读保驾护航？我认为，整本书阅读应从“课时观”走向“课程观”，我们应该从“自主建构”来系统设计整本书阅读的课程方案。

一、相信课程力量

课程是指学校学生所应学习的学科总和及其进程与安排，是学校教育的“发动机”，是为学生发展所设定的“跑道”。设计是指在具体行动之前，根据已知，对未知及可能进行推测分析，对行动目标、途径、方法等做出系统的构思与谋划，最终形成完整行动方案的过程。课程设计，是一个有目的、有计划、有结构的产生课程计划、课程标准，以及教材等的系统化活动。所以，越来越多的研究者把课程设计界定为一种计划或方案，是将课程基本理念转化为课程实践活动的“桥梁”。可见，一个好的整本书阅读的课程设计才能将整本书阅读落地生根。

有什么样的课程，就会有什么样的思维方式和行为方式，今日的一门偶然的课程，也许会为学生的未来带来无法预知的可能。好的整本书阅读课程可以唤醒师生的阅读潜能，寻找到整本书阅读的密钥，激发阅读整本书的兴趣、方法，提升阅读能力、思维能力。

2017 年开始，我们镇江小语团队便开启了“师生共读，儿童整本书阅读课程设计”的实践研究和课程建设活动。我们在相关教育理论学习的指导下，有目的、有计划地对不同年段、不同书目的整本书阅读课程活动做出事先规划和安排，让课程目标、课程内容、课程实施有章可循，以期让学生掌握阅读方法、锻炼阅读思维。

二、追求课程价值

整本书阅读课程设计的意义之一在于构建一个完备的、整体的课程体系，以期达到“应然”的状态，使课程变成我们期待的课程，在这一过程中它必然受到一定价值观的引导。课程设计的价值取向应该是考虑的第一要素，它决定着我们想有什么样的课程，培养什么样的人才，它是整本书课程设计的灵魂和方向，对课程设计模式的架构、课程设计目标的确定、课程设计内容的选择和组织具有重要的指导作用。

①这个价值取向，首先要考虑儿童，思考整本书的育人价值。“打开一本书，打开一个世界”。整本书阅读是儿童与这个世界联结的重要方式之一。但是这个世界不会自己从书里跑出来，需要学生去阅读，去打开。那么，整本书课程设计首先要读懂儿童，要以儿童的理解力、接受力为准，从提升学生思维的广度和深度出发，从开阔学生看世界的视野出发。

②这个价值取向，其次要考虑这本书，挖掘这本书的文学价值。

每一本书有每一本书的文学密码。教师必须首先对整本书做一个深化的阅读，除了要读懂、读透这本书，知晓书的内容、描写特色、作品背景、作者情况等，重点还要搞清楚的是：对于儿童来讲，为什么选择这本书？这本书的阅读价值何在？

③这个价值取向，还要考虑学科，定位整本书的教学价值。统编教材的“快乐读书吧”栏目已经为我们打开了一个思路，那就是由课内的单篇文章链接课外的整本书，做到学以致用。“快乐读书吧”的设立是基于语文学习的规律的，它提倡的是“师生共读”，在一定时间内共同经历一段阅读历程，它的阅读书目有指定和推荐，而指定阅读需要教师指导学生阅读，完成阅读任务。那么，教师就要基于统编教材的单元解读、“快乐读书吧”的策略要求、学情分析等，定位整本书的教学价值。叶圣陶先生曾言：“各书因性质不同，阅读方法也不能一致。”书籍不同，所用阅读方法自然也不相同。在“师生共读，儿童整本书阅读课程”的实践研究中，我们探索出了针对不同年段、不同内容、不同梯度，整本书阅读课程的多重策略，除了预测、提问、提高阅读速度、有目的地阅读，还有推理、找出重点、统整、联结、视觉化，以及内容重构、捕捉闪回、对照阅读等策略。只有确定了一本书的教学价值才能选择优化的教学方法，使这些价值真正得以实现。

三、做好课程设计

教学设计是课程设计的核心。教学之前，教师要根据学生的阅读水平与能力，精心选择与学生能力相匹配的教学内容，做出为培养学生阅读习惯、掌握阅读方法以及以提高阅读能力为目标的一整套的教学设计。其设计主要针对具体书目，使课程目标、课程内容、课程实施有章可循，让学生能掌握不同的阅读方法、锻炼阅读思维。

①确定教学目标。对于一份设计来说，首先要有目标的定位。课程目标具有整体性、阶段性、持续性和递进性。整本书阅读的教学目标既有对一本书阅读的整体目标，也有每个阶段希望达成的阅读能力的提升点。这些分阶段的目标之间是连贯的，层层递进的，最终指向整体目标。课程目标设计中将学生视为一个完整的生命体，任何一种活动都是以一个完整生命体的方式参与和投入的，而不只是局部的、孤立的某一方面的参与和投入。整本书阅读教学在完成课标对小学阶段提出的基础阅读量的同时，这本书的目标确定还应该考虑这些因素：培养阅读的兴趣，发展阅读策略，培养纯正的文学情趣，形成某种自律的阅读行为，从而自主形成一些素养，最终综合成核心素养。整本书阅读教学目标的设定，既要指向课堂，更要指向延续阅读的整个过程。

②制订阅读计划。整本书阅读不同于单篇短章的阅读，需要一定的时间和方法。因此在推进整本书阅读教学时，一定要进行过程性管理，重视整本书阅读过程。“制订阅读计划”可以成为学生完成阅读任务的必要前提。教师在开展整本书阅读教学前，可以借助任务、计划等方式来保证整本书阅读教学的顺利进行。比如，为保证学生养成每天阅读的好习惯，可以建议设定固定的阅读时间，确保循序渐进地读完。

③选择教学内容。在课程设计过程中，课程内容的选择是一项最基本的工作，也是许多课程问题的集结点。《基础教育课程改革纲要（试行）》强调，“改变课程内容‘繁、难、偏、旧’和偏重书本知识的现状，加强课程内容与学生生活及现代社会和科技发展的联系，关注学生的学习兴趣和经验，精选终身学习必备的基础知识和技能”。整本书阅读教学内容的选择也应如此。阅读，是一个由量变到质变的渐进过程，一本书的阅读不可能承载太多的内容。就像葡萄酒需要慢慢发酵一样，师生以享受阅读的姿态沉入阅读，简单一点，好玩一点，放

松一点。如此，阅读着的每分每秒，都是丰厚的回馈。

教学内容的选择中，话题的设计很重要。好的话题有很好的推动力，层层深入，聊有深度，聊有厚度，能带领学生向阅读思维的深处发展。如，六年级的成长小说，如果带着学生由“读小说，知情节，识人物”这样的常规阅读模式，跳跃到对人性的多面与复杂的话题探讨，如“不同人物相同个性”“相同个性在不同事件中不同的表现”“作者对人性的理解”等，学生就能被发掘出个性化的想法，思维碰撞，越聊越深入，越聊越有劲。

④课型教学设计。“课型”是理论与实践的桥梁，是课程的具体化。教学设计是每个课时的具体教学内容和过程设计。与单篇文章相比，“整本书”文字信息量更大，逻辑结构更为复杂，思想内涵也往往更为深刻。整本书阅读的指导和跟进，不是一两节课就可以完成的，而是需要多节课来完成的，可以是长课，可以是短课，也可以是整个阅读周期的每天几分钟。这个过程中，适宜的课程设计方案能够为学生点燃整本书阅读的热情，给学生创设整本书阅读的情境。不同课型的教学设计这一环节显得尤为重要。

我们设计了三种常规课型：

导读课，可使学生对这本书“一见钟情”。它着重在于设置悬念，以一系列激发儿童兴趣点的设计，激发学生阅读这本书的兴趣，形成阅读期待。“微课导读”，是推介整本书导读的有效方法。我们团队于2014年就开始着手研究和制作，2016年3月开设了“儿童悦读微课”微信公众号，2019年3月出版了《来，一起读书吧——150本优秀儿童读物微课导读》一书，它是融文字、视频为一体，为儿童阅读、师生共读、亲子共读推介优秀读物的导读资料，唯美的画面、生动的解说，微课与阅读相遇，文字与视频融合，为整本书阅读的导读课提供了生动的素材。

推进课，给学生持续阅读“添柴加火”。它重在推进学生的自主阅读进程，根据不同的阅读阶段，设计丰富的阅读话题，开展多样的阅读活动，来维持学生的阅读动力，培养学生的阅读毅力、阅读能力。

分享课，为学生后续阅读“添油加醋”。它重在引导学生互动交流，品味文本的语言，体会文字的魅力，增强学生的阅读体验，是培养学生阅读思维、形成阅读品质的重要环节。

总之，整个过程突出阅读的整体性，遵循学生阅读过程的自主性，追求建构阅读整本书的经验，形成适合自己的阅读方法，提升学生的阅读鉴赏能力。

四、定位课程角色

（一）阅读，以学生为中心

学生是阅读的主体，学生的“自主性”是整本书阅读始终遵从的原则。“自读”是阅读活动的起点。整本书阅读的课程设计应该以学生为中心，重视学生的个性发展，强调课程的组织形式要产生于学生的需要、兴趣和目的。课程实施重在问题解决。学生在自主阅读的过程中，会碰到某些必须加以克服的阅读困难和障碍，在学生寻找解决阅读问题的办法时，教师适时地提供阅读方法、阅读策略。也就是说，在整本书阅读过程中，教师要时刻将学生放在首要位置，提倡学生的个性化解读与个性化阅读体验；同时要关注学生整本书的阅读过程，通过解决问题使学生能够在以后类似的阅读情境中主动学习，得到发展。

就如每个阅读者是有生命的，每一本书也都是有生命的，那么，儿童与书的邂逅，就是一个生命与另一个生命的相会。又如交朋友的方法不止一种，那么，儿童对每一本书的阅读应该至少有一种最佳阅读方法。怎么读，应该是每一个阅读者的事情，不能强求，只能引导。

但引导学生阅读，必须遵循一个原则：在整本书阅读课程的实施中，最重要的是要提升小学生的阅读兴趣，渗透阅读的方法，开展有质量的阅读活动，逐步形成阅读品质。

（二）教师——“有协助能力的大人”

艾登·钱伯斯在《打造儿童阅读环境》里讲到“阅读循环”，他认为一个人自然的阅读过程中，需要“有协助能力的大人”来协助他们选书、读书，在阅读中学习阅读，学会阅读，享受阅读。钱伯斯指出，“阅读环境”更重要的是引导孩子亲近阅读的人——“有协助能力的大人”。教师，就是有协助能力的大人。苏霍姆林斯基曾经说过，把每一个学生都领进书籍的世界，培养起对书的酷爱，使书籍成为智力生活中的指路明星，这些都取决于教师，取决于书籍在教师本人的精神生活中占有何种地位。可见，教师在学生阅读生活中起着关键性的作用。

教师在整本书阅读指导中不应该是权威式地进入，教师站立的位置应该是：导读推荐，前面引着；读中推进，身边陪着；读后分享，身后推着。教师的作用就是智慧协助：引导、陪伴、助推。在不同的课型上，教师都要改变长者的姿态，设法让学生“说来听听”，分享热情，分享困惑，畅所欲言，碰撞智慧，最终实现学生的“生长”。

“我们需要一张桌子，可以种一棵树。但如果种一棵树只是为了造一张桌子，就轻视、忽视甚至蔑视了一棵树的价值。”我们为了推进整本书的阅读，需要一份课程设计。而在这个课程设计的过程中，推动的不仅是学生整本书的阅读，还有教师的专业成长。因为教师的眼界决定了课程的边界，创生课程应该从更新自己开始。整本书的阅读，儿童文学的阅读，专业理论的阅读，也是从教师自身开始。唯此，课程设计才有灵性，儿童整本书的阅读才能落地生根。让每一所学校弥漫阅读之香，让每一间教室透出阅读之光，让每一个孩子尽享阅读之乐。这，可以成为推广儿童整本书阅读的愿景。

促进学生“课堂在线”的阅读设计策略

屠素凤

“在线”作为一个信息技术名词时，通常指计算机正处在网络连接状态，如，在线字典、在线观看等，因此“在线”也就有了“正在活动”的延伸意味。学生课堂“在线”正是借用“正在活动”的延伸意义，指处在课堂教学环境中的学生，正在经历积极学习，并获得发展的活动状态。我认为学生的课堂学习须保持“积极在线”的状态。因为“课堂在线”，可落实学生的主体地位，可保障学生的学习过程，可促进学生的学习深度，能促进学生的课堂生命成长。

观察阅读课堂，学生的“课堂在线”状态却不甚理想。当然，“学习”是一件很复杂的事，导致学生课堂“不在线”有太多不确定因素。但是，我们必须清醒地认识到“学生”是不成熟的学习者，是学习力低下的学习者，他们须在教师的引领下，经历一场“积极在线”的学习过程，然后才可以由一个不成熟、学习力低下的学习者，锻炼为一个成熟的、学习力较强的学习者。学生的“课堂在线”状态需要教师引领，学生的“课堂在线”成长须由教师促进。所以，“教”要为学生走进一场有挑战意味的、可以全身心参与的、获得发展的、有意义的积极“课堂在线”学习做一番精心策划。由此，我们需要在阅读教学设计上下点功夫，努力促进学生的“课堂在线”。

一、设“动”，让学生全员“在线”

如何调动学生全员“课堂在线”，让每个学生都“学”起来，我们得有设计意识，设计“动笔”，以笔“动”来引导学生参与到学习这件事情当中。听之是否“在听”，读之是否“在读”，思之是否“在思”，如果仅以“听、读、思”作为监控对象，教师的课堂监控会有许多盲点，无法促进学习。让“动笔”辅助“听读思”，“听读思”的学习就留有了痕迹，教师就能根据学生“动笔”留下的痕迹实时监控、引领学习，促进全员“课堂在线”。

我在阅读设计时，尝试考虑尽可能多地安排“动笔”操作，在探索中发现这是促进全员“在线”的有效策略。如，我在教学三年级下册《我不能失信》时，策划了三个学习任务，每个学习任务都设计了“动笔”要求以辅助学生深读深思。

第一次动笔设计：读文，用笔圈出故事中的人物，说说人物在故事里都做了什么事。学生一边读，一边用笔圈出了故事人物：宋耀如、宋庆龄、妈妈、小珍、伯伯。再挑一个人物，说说人物在故事里做的事情。这样的设计，学生于圈画人物、认识人物的同时完成了“耀”“庆”等生字的识记。围绕人物说说其在故事里的事情，每个学生都有事可做、有话可说，既是理解能力的训练、复述能力的训练，也教给了学生抓住主要人物了解课文内容的方法。

第二次动笔设计：读文，找出宋庆龄可以去伯伯家的 N 个理由，找到一个标上①，找到两个标上②……再用“因为……所以我觉得宋庆龄可以去伯伯家”的句式进行全班交流。学生默读课文，目光在文字间搜索，每一处发现都让他们雀跃不已。最后，学生有了以下的深度发现：

“风和日丽”说明这是个好天气。好天气，正好可以和爸爸妈妈出去休闲放松，去走走亲戚。

“早就盼着”说明宋庆龄很想去，今天有机会，正好可以去。

“伯伯家养的鸽子，尖尖的嘴巴，红红的眼睛，漂亮极啦！”那是多么漂亮的鸽子，和这些鸽子玩上一会儿，将是多么愉快的事啊。庆龄可以去伯伯家。

“伯伯还说要准备送她一只呢！”为了那一只可爱的鸽子，也应该去，去了还可以挑上一只最漂亮的鸽子。

“改天再教小珍吧！”爸爸已经为庆龄找好了可以去的办法。

“那……回来你去小珍家解释一下，表示歉意，改天再教她叠花篮。”妈妈也为她想好了跟小珍沟通的理由。

“直到全家人吃过午饭回来，小珍也没有来。”庆龄空等了一个上午，所以其实她应该去伯伯家的。

有了“动笔”的痕迹，教师可实时掌握课堂学情，课堂现场可实施精准的个性化引领和指导。

第三次动笔，要求学生选择课文内容，用“虽然……但是……，庆龄不后悔”的句式写一句话夸夸宋庆龄。课堂里每个学生都“动”起来了。当然，学生写话训练的背后，更重要的是思维的参与、情感的体悟、语文能力的提升。“动笔”辅助学习，促进了学生“课堂在线”。

二、设“境”，让学生深度“在线”

美国著名心理学家布鲁姆在掌握学习理论中指出：“如果提供适当的学习条件，大部分学生在学习能力、学习速度、进一步学习机会等多方面就会变得十分相似。”设计情境，就是为学生提供适当的学习条件：以情境促进学生思维的展开，以情境挑动学生思维火花的迸射，以情境推动学生思维开掘的纵深。设计有效的、富有挑战意味的情境，让学生的大脑经历一番思维风暴，达到改造学生大脑的目标，让学生学会质疑，学会联系，学会灵活运用知识解决实际问题。因此，设“境”，启动思维之门，策划学生经历一场有深度的“课堂在线”学习，是阅读教学提升课堂品质的又一有效策略。

如，我在教学三年级下册第八单元《方帽子店》时，围绕单元语文要素“复述训练”，指导学生经历了三个层次的复述过程，一是一句话复述故事；二是梳理人物关系复述故事；三是用自己的话有重点地复述故事。学生在反复复述的言说过程中，先了解了故事的主要内容，接着理解了故事中处在相对关系中的大人和小孩对待方帽子和圆帽子的不同态度；最后链接自己的生活和认知经验，调用“不可思议”的阅读感受，用自己的话复述大人对待方帽子的故事细节。学生在言说，也在言说中逐渐走近大人和小孩子，试着理解大人对待方帽子的态度是方帽子成为古董的关键原因。由此，他们的认识也在逐渐接近故事主旨。如何让他们的思维跳出故事本身，让他们的视野跳出“方帽子不思改变最后成为古董”事件本身，去初步理解“不改变就会落后”“事物都是发展变化着”的哲学思想。我以“尊重教材文体，为故事续尾”的思路，创设了一个让人意想不到的教学情境：

大人们认识到了自己身上的问题，后来又开了一家帽子店，还给这家帽子店取了店名。你们猜猜看，他们取了一个什么样的店名？

学生的答案非常丰富，他们取店名的逻辑起点就是“改变”，于是“否定方帽子”“改变方帽子”后就有了“圆帽子店”“帽子店”“新帽子店”“好帽子店”等店名。但是这样的认识，或者是这样的思维还可以再推进，再完善，因为任何事物在出现时，都有其出现的客观理由，“方帽子”事物不是刚出现就是“古董”的，是大人没有认识到“发展”的道理，才成为古董的，所以对待“方帽子店”“方帽子”须用辩证的观点去认识，如何让三年级的学生经历这样的思辨，我继续创设情境：

你们取的店名都很有道理。只是，大人们取的店名和你们想的不一样。想知道他们取了什么店名吗？

这时我故意吊学生的胃口，停顿一会儿，点击鼠标，屏幕上出现“方帽子店”四个特别引人注目的大字。学生的认识与屏幕上的“方帽子店”形成强烈反差，刺激着学生的思维再推进，不一会儿，学生就纷纷举手，要求回答“大人取店名为‘方帽子店’的理由”。最精彩的是一位同学说“方帽子”是这家店的商标品牌，他们卖的是“方帽子”牌的帽子。学生精彩的思维和活跃的创新，在颇为有趣的教学情境中呈现。情境，让学生的思维“在线”，促使学生经历了一场深度“在线”的学习之旅。

三、设“块”，让学生全程“在线”

板块设计让学生的学习全程“在线”成为可能。板块式学习是适合学生学习心理实际的。据心理学家的实验，即使是成人，专注做一件事情的时间也只有 15 分钟，何况是孩子。一节课，分成三四个板块，每个板块为 5~10 分钟，经历一个板块，完成一个任务，解决一个问题。完成一个板块，教师就引领学生做一下学习整理、情绪鼓动，使后续的学习更有效。其次，每个板块是独立闭合的，它小而微，却可以集中解决一个教学任务。一个板块一个任务，任务明确，重点突出，可以实现“一块一得”的积累，设“块”学习，让学生的语文成长看得见。另外，“板块”设计还可以促进学生充分活动。相对集中的时间，围绕相对集中的学习任务，在具体的操作指引中，学生的学习可充分“在线”。

我在阅读教学时，基本上都以板块推进的思路进行设计，在不断的教学实践尝试中，也充分感受到了板块设计对于促进学生学习全程“在线”的意义。上文提到的《方帽子店》就是采用板块设计的思路开展教学，效果颇为理想。再如，四年级上册《繁星》也用板块设计，推进教学，促进学生的全程参与。具体设计如下：

第一板块：提取一个描写星星的词语，提取一个描写夜晚的词语，提取一句表达作者对星天感情的句子。学生在这样的板块学习中，既完成了词语的积累，也把握了文章的主要内容、主旨情感，还了解了文章的总分结构。

第二板块：读第 1~3 自然段，研究这三个自然段都写星天，有哪些不同之处？

第三板块：教师在三个时间点、三个地点之间，画上箭头，引导学生联系着思考，自主发现：作者是“真”爱星天，无论何时，无论何地，都深深地爱着星天。

每一板块，都有学生充分的活动，都有学生充分的语文训练，板块学习实实在在地助力学生“课堂在线”。

四、设“梯”，让学生“在线”升级

学习的本质是发展，学生经历学习能在各方面均实现“在线”升级，是我们阅读设计的逻辑起点。我以为，“梯度”设计可实现有层次地学，可促进学生语文素养的“在线”递进升级。

如五年级上册《鸟的天堂》，笔者在教学中巧妙设计梯度，让学生经历学习，完成从不会到会、从知之甚浅到知之甚深的“升级”过程。先是出示这次学习的主要任务“初步体会课文中的静态描写和动态描写”，组织学生找出描写大榕树的句子，整理句子，聚焦句子，引导学生不断发现作者呈现大榕树静态美的言语“秘妙”：作者是以从远到近的视觉层次描写大榕树，写了大榕树的颜色美、姿态美、旺盛的生命力之美。学生对大榕树的感受完成了初读后的“升级”，对作者表现大榕树生命力的方法进行了再认识。我以为五年级的学生“关于静态描写”的认识还可以再继续推进，于是再一次设计任务“至少找到一处表现榕树生命力的词语，并圈出来，再说说妙在何处”，学生在研究中各有发现，在课堂交流中教师引导学生将目光聚焦到“垂”“卧”“堆”“颤动”“伸”等描写大榕树的动词上，引领学生发现作者这是用了“化静为动”的语文方法，表现大榕树的蓬勃生机。最后训练学生用化静为动的方法写一写课堂呈现的“玩具熊猫”“早晨绽放的牵牛花”“几张滚动着露珠的荷叶”，学生在语言的实践运用中完成从语言知识、表达方法到语言能力的转化和升级。

教学活动的“梯”级设计，不但让学生的学习呈现出由浅入深，渐入佳境的状态，也让学生在不断的发现中感受到语文学习的快乐。

阅读教学设计是一项充满智慧的、开放而又创意无限的活动，它受文本、教学环境、教学资源等的限制，当然最重要的逻辑起点一定是学生。我们聚焦“课堂在线”设计阅读教学，是为打造“学为中心”的阅读教学品质课堂服务，是为实现学生的“课堂在线”成长服务。

■ 具备文体意识

不同文体的课文，有不同的语文味道，可以体现“教”的底气，培养学生“良好的语文品质”。

以形象建构抵达更高层次的阅读理解

莫国夫

什么是阅读？简而言之，阅读就是明白文章讲什么。阅读活动的核心是理解，是学界的共识。如王荣生先生认为，阅读是个性化行为，学生阅读的过程就是语文经验或能力加上学生的生活经验、百科知识、价值判断等，从而产生理解感受。据统计，选入小学教材的文本80%左右是文学作品，其中最主要的是儿童文学。好的文学阅读教学不应是内容上的原地踏步，而是要引导学生产生新的阅读感受，从而走向更高层次的阅读理解。根据小学生“形象大于意义”的阅读思维特点，关注学生在阅读中对言语形象的唤醒和建构，是促进学生文学阅读理解、提升阅读能力的核心途径。据我对众多课堂的观察分析，其教学方略主要可从以下四个方面考虑。

一、以儿童生活经历丰富言语形象

文学作品的言语受制于作家生活经历和个性习惯。对于作家来说，这样的作品言语或许是字字珠玑、精妙入微的，但对于缺乏生活经历和文字生活的小学生来说，未经成人的点化导引，这样的言语阅读大多是平面的、线性的、零碎的，更遑谈有效的言语形象建构。好的语文教学，应当是穿越生活的。生活充实语文，语文润泽生活。具体到阅读理解，唤醒儿童过往的生活经历参与阅读体验，应当是阅读教学的应有之义。所谓“阅读是个性化的体验”“所有的阅读都是读自己”其实指的都是个人经历、经验在阅读中的重要性。

一位教师在执教《我的伯父鲁迅先生》一文中的“饱经风霜”是这样教学的：

师：闭上眼睛想，在生活中有没有可以用“饱经风霜”来形容的脸。

（学生想10秒钟。）

师：车夫这张饱经风霜的脸是怎样的？

生：又黑又瘦，额角有道道皱纹，嘴唇是一道道血口子。

生：眼角陷进去，虽然只有30多岁，但看上去已经50多岁。

生：他头发像稻草一样，上面还蒙了一层灰。

师：从这饱经风霜的脸上你还能看出什么？

生：家里穷。

生：这个车夫太可怜了。

生：他经历了很多磨难，还照样干活。

师：在这么冷的天气里，车夫光着脚，被碎玻璃刺破了脚，血流了一大摊。当时如果你在场，你会怎样？

生：我会把身上的所有的钱给他。

生：我力气大，可以拉黄包车上医院给车夫治疗。

生：我会打电话叫我当医生的爸爸。

相似论把与要理解的事物具有相似性的“前理解”，即存储在大脑中的知识单元，称之为相似块。它是一切理解的基础和前提。具体到阅读理解，教师的引导就是要激活已经存储在学生头脑中的那些能与课文言语相匹配的相似块。生活中的一些饱经风霜的脸是学生早已感知并储存在大脑之中的，只是缺少能与之匹配的文字符号。所以当教师让学生“闭上眼睛想，在生活中有没有可以用‘饱经风霜’来形容的脸”时，学生就立即将经验中的情景与书本中的词语联系到一起。由生活经历而激活的关于“饱经风霜”的脸，是学生在日常生活中通过无意识的隐性学习而获得的成果。当它把这种情景与“饱经风霜”发生形象建构的时候，“饱经风霜”就被赋予了学生个人化的言语意义。

“进入学生头脑的语言必须是真正构成可视可感的表象或概念的外壳，而不是‘空壳’，这样的语言才可以成为他们思维和表达的工具，任他们自由地驱遣、运用。”可以说，这样的教学是有活性的，犹如一个磁场，能不断摄取、融合新的语言信息，不断改造学生自身的语言和思维。

二、以角色移情激活言语形象

“协调有序”是《搭石》一文中的重要语言现象之一，在搭石上协调有序地行走既是与乡村相映成趣的美妙风景，更是乡村厚德、淳朴民风的绝妙写照。

如何让学生领会其中的内涵，两位老师分别做了这样的设计：

设计一：

①“协调有序”是什么意思，谁来说一说？

②生活中你见过协调有序的情景吗？

③文中的“协调有序”又是一幅怎样的画面呢？我们自由地再读一读这两句话，边读边抓住重点词语想象画面。

设计二：

①怎样的动作才是协调有序的呢？

②让我们加入到走搭石的人群中，（指一组学生：前面的……后面的……前面的……后面的……）咱们合作着读一读这句话。

③访谈学生：你感觉你们现在走在哪儿？走得不好要掉进水里，

为什么你们敢这样轻松地走?

④小结:短短四个字,我们就有这么多的体会。阅读的时候,我们就是要善于发现这样含义丰富的词语。

我认为,这部分的课文教学可抵达三个层面的阅读理解:

第一层是感受到乡村的自然风光之美。这是文本的表面信息,凡是有一定阅读能力的学生都能感受到。

第二层是感受到“协调有序”的本义,了解到协调有序的画面是一种美。“设计一”中学生对“协调有序”的理解相对抽象、理性。“设计二”创设的走搭石的情境,让学生与老师反复合作读前面的——“抬起脚来”,后面的——“紧跟上去”,与走搭石形成通感,身临其境地体会“抬起脚来,紧跟上去”的和谐场面,体会没有人踩脚,没有人跌入水中的默契风景,这样借助移情的语言形象揣摩,能真正进入学生的语言系统并生根发芽。

第三层面是感受到协调有序画面背后的人文之美,了解核心词语与文本整体价值取向的关系。这一层面不仅是教语言,更是渗透阅读的一种策略。阅读教学终极目标是要培养有素养的读者,这恐怕是不会有异议的。

我以为,“设计二”已经抵达了第三个层面。通过角色移情,以师生的合作朗读为支架,让作者、文本和读者的态度情感在声音、语气中和谐共振,这样的教学是符合学生学习的心理节律的,它涌动的是对读物生命意义的体味和言语形式的感悟。经历了这样的教学,“协调有序”在语境中的形象、情味和意蕴,也就不言自明了。

三、以拓展想象刷新言语形象

小学生学习语言,是以形象感知为主的。阅读教学需要帮助他们把沉默的文字，拓展、想象成有形有色、可触可碰、能歌能泣的场景。事实上，也只有穿越有血有肉、有喜有忧、有幻想和快乐的言语形象，他们才会对文字产生真正的体验和感情。这样的来回，正是学生语文素养积淀、文化人格塑造的不二法门。

一位教师在执教《老人与海鸥》一文时有这样的设计：

老人呼唤时，你仿佛看到了什么？你们听到过哪些亲昵的呼唤？你能不能用绍兴话来呼唤？请你选择一处，想象老人与海鸥之间会进行怎样的对话？请写一写。

学生学着以绍兴话呼唤海鸥，其重点不在于是否学得像，而在于激活自己和同伴那份真实、亲切的生命体验，尝试走进作者和老人的心门。而“选择一处写几句话”，则加强了前后教学环节的互相支撑，推动了言语形象的进一步刷新和建构。写完后通过自读、对读，也更好地渲染老人与海鸥的亲情。这样跃于纸上的老人与海鸥的直接对话交流，是儿童视域中的生活形象的重塑，对学生的阅读理解和人文熏陶不可低估。

四、以融情朗读建构言语形象

朗读能让学生悟境、悟意、悟情、悟法，使文中景活现、事活化、人活脱。对于阅读理解来说，朗读经过视觉、听觉的刺激，配合以声塑形的心理活动，有助于抵达对文本的高层次理解，塑造具有学生个人经验色彩的言语形象，好的朗读教学，可谓是语文课堂中灵动鲜活的生命之音。

如罗才军老师在执教《伯牙绝弦》中“钟子期曰：善哉，峨峨兮若泰山。志在流水，钟子期曰:善哉，洋洋兮若江河”时有这样一个片段:

师：谁来读一读，看能不能把这种由衷赞叹的感觉读出来。

（生读得很有韵味。）

师：善哉！“哉”字后边一延长，好像琴声都落到心里去了。我觉得你不仅“善哉”读得好，你这个“峨峨兮”“洋洋兮”也读得真好啊！当你读着这个“峨峨兮”的时候，你的眼前出现了怎样的景象？怎样的画面？

生：我的眼前仿佛出现了高高的泰山，显得很巍峨。

师：巍峨高耸的泰山，请你再读，读出这种画面来。

生：我的眼前仿佛出现了高耸入云的、顶立于天地之间的泰山。

师：体会得真好，把这样的画面读出来。

（男生齐读，很豪迈、很有感觉。）

师：不愧是铁骨铮铮的男子汉，不愧是顶立于天地之间的泰山。第二句谁来读？

（女生齐读，很有感情。）

师：真是“巾帼不让须眉”啊！好像让我们看到了那宽广的“江河”。呼应着上边的泰山，这里的“江河”也不是一处随意的江河。“江河”在古文里是有特指的，我觉得咱们班的同学肯定能猜出来。

生：我认为这里的“江河”是指长江和黄河。

师：是的，这里的“江”是指我们中国最长的河流——长江，“河”是指我们中国的第二长河——黄河。想到这长江与黄河，你的脑中跳出了哪些词语或者诗句？

生：我的脑中跳出了“波澜壮阔、波涛汹涌”。

师：我听你说这两个词语的时候，一点波浪都没有。（笑）

生：（很有气概地）波澜壮阔、波涛汹涌。

师：就是这样“波澜壮阔、波涛汹涌”的江河，请你来读！

生：我想到了一句诗“九曲黄河万里沙，浪淘风簸自天涯”。

师：正是这样磅礴雄伟的泰山，正是这样汹涌澎湃的江河，一起读。

学生正是在这样的融情诵读中还原了“泰山”“江河”应有的形象、情味和意蕴。正如王尚文先生所指出的那样，“语文教师是人类灵魂的工程师，但他是通过创造人对言语世界深刻、全面、丰富的感觉而享有这一美誉的”。“语文教师的伟大之处，在于他是学生高品位语感的创造者；语文教师的困难之处，也在于他必须创造学生高品位的语感”。而言语形象的精准建构正是良好语感的核心体现。

所谓“书读百遍，其义自见”，朗读正是学生建构对言语规范感、逻辑感、得体感、分寸感和情味感、形象感的核心途径。阅读教学中让学生充分地读、自如地读、动情地读，引导学生读得投入、读得自然、读得感人，读出文本言语的节律、情趣和神韵，在琅琅书声中如见其形，如闻其声，是小学文学类文本教学的不二法门。

诚如萨特所说，阅读是一种被引导的创造。就小学的文学阅读教学来说，阅读就是引导学生入情入境，在文本言语与儿童生命的碰撞融合中，让学生去体验、去想象，去诵读、去表达，让文本原本静寂的言语渐渐还原、充盈成鲜明的形象，继而去感染学生，引发学生新的阅读创造。我想这样的阅读教学，就是言语与精神同构共生的教学。

教出散文的味道

张学青

朱光潜先生在《谈文学》的序里写道："学文学第一件要事是多玩索名家作品，其次是自己多练习写作，如此才能亲自尝出甘苦，逐渐养成一种纯正的趣味，学得一副文学家体验人情物态的眼光和同情。"

这句话非常精辟地指出了文学教学的路径与方法。而用散文作为中小学生玩索名家作品的切入口，则具有得天独厚的优势：一是与称得上鸿篇巨制的小说名篇相比，散文相对短小、轻巧，教师不必担心时间不够而无法实施，无法展开——哪怕是一节课的时间和空间，也可以做得起来；二是与诗歌或者戏剧相比，散文很平民，很大众。如果说诗歌是火烈的舞蹈，戏剧是花腔的唱法，那么散文就是饭后的沿湖散步。学舞蹈，学花腔，都不是太容易的，然而，饭后散步，却是谁都可以去走走的。文学是一般人接近艺术的一条简便的路，而散文又是接近文学的一条直接的路。

一、好的散文的样子

好的散文应该是什么样子的？好的散文有标准吗？散文包罗万象，要说清这个问题，还真不容易。在我看来，给学生的散文，应该符合两条标准：一是精神思想的引领。散文比诗歌更擅长于连贯地表达思想，它可以牵着读者的手，把他们领进思想的世界。二是语言文字的示范。苏联作家高尔基说过："大众语是毛坯，加工了的是文学。"学生课堂里学阅读与写作，与一般自学的不同之处，就在于它是一种自觉的训练。教师选用的文本语言足够好，才能培养学生调动与控制文字的能力。

汪曾祺的小说《徙》里，写到了一个语文老师高北溟。他教国文，除了部定课本之外，还自选教材。"只有我自己熟读，真懂，我所喜爱的文章，我自己为之感动过的，我才讲得好。"跟了高先生三年的弟子，大部分文字通透，知识丰富，"更重要的是他们学会了欣赏文学——高先生讲过的文章的若干片段，许多学生过了30年还背得；他们接受了高先生通过那些选文所传播的思想——人道主义，影响到他们一生的立身为人"。

小学语文教材里，优秀的散文并不很多，但语文教师完全可以像高先生那样放开眼光，去选优秀的散文作为学生的文学教材。我把目光投向了民国以来经历"五四"新文化的那一代学人。那一代人生活在一个很不一样的时代：新旧交替，中西碰撞，风云际会，因而形成了一种迥然不同的风度、气质、胸襟、学识与情趣。"冰点"的徐百舸称那一批学人，"底子上都有一个'士'字守着"，是一批不失硬朗而又好玩有趣的人。的确，那一代学人，做人做事是有承担的——对国家、民族、人类的承担，对历史、时代、社会的承担，以及对自我生命、学术的承担。

那一代的中国现代作家，大抵也如此。如巴金，就是一位满溢着青春精神的作家，"把心掏出来"，他的作品力透纸背，情透纸背，热透纸背，他以赤诚的自我直面读者，充满了激情和活力；如冰心，慈爱，博大，淡定，纯净，她的散文展现了东方文化的无限魅力；如丰子恺，以佛教徒的慈悲呵护生命，他的作品里可见一个儿童崇拜者对美的特异发现；如老舍，他的幽默背后有着温润与善良，是出于一颗“大爱的心”；如沈从文，对于自然人性的理解抵达了一种高度，因而越经岁月沉淀，他的作品越会发光；如鲁迅，这个被誉为“民族魂”的绍兴作家，心里惦记的是“无穷的远方，无数的人们，都和我有关”……读他们的作品，可以使学生在生命发展的起点上就占据一个精神的高地。

为什么要选中国现代作家的散文而不是外国作家的呢？放眼世界，我承认外国作家的散文在思想价值的普世性上可以做得足够好，然而经过翻译而来的文字，毕竟没有纯正的中国味。“中国字原来都是象形的文字，它包含形、音、义三个部分。形、音，是会对义产生影响的。中国人习惯于望‘文’生义。‘浩瀚’必非小水，‘涓涓’定是细流。”（《汪曾祺全集卷三·“揉面”》）从这一点上说，中国文字必定是中国本土作家深谙其味的。

“罗汉堂外面，有两棵很大的白果树，有几百年了。夏天，一地浓荫；冬天，满阶黄叶。”（《汪曾祺文集·小说卷·桥边小说三篇》）这样的语言，文白相杂，通俗凝练而有节奏，是现代白话雅化的典范。

“江水伸入田垄，远远几驾水车，一簇一簇的茅亭农舍，树围水绕，自成一村。水漾轻波，树枝低亚，当几个农妇挑着担儿，荷着锄儿，从那边走过之时，真不知是诗是画！有时远见大江，江帆点点，在晓日之下，清极秀极。”（冰心《寄小读者·通讯四》）

这样的语言，洗练整齐，清新淡雅，把江南水乡的美细腻地传达了出来。中国现代作家，往往善于将古诗文中的词句、语汇吸收融入白话文中，使作品语言婉约典雅，具有很高的审美价值。

用这样的文字给学生打底，从小接受语言大师、名家典范作品的熏陶，这对于培养他们纯正的语言趣味、感觉，把他们从粗鄙的、肤浅的、娱乐化倾向严重的阅读和语言习惯中拉回来，是大有裨益的。

二、教出散文的味道

好的散文选出来了，怎么教出散文的味道呢？

第一，朗读。每每拿到一篇散文，我愿意一遍一遍地朗读，以“空”的状态去拥抱文字，获得“我”的感受与体验。这个阶段，需要克服浮躁，用眼睛、用声音在文字里爬行。声音与意义，本身是不可分的。有时意义在声音上见出，比习惯的联想上见出更微妙。

“文章之精妙不出字句声色之间，舍此便无可窥寻。”这是清代著名散文家姚鼐的观点。这里也有一个例子：范仲淹作《严先生祠堂记》，起初收尾用的是“云山苍苍，江水泱泱，先生之德，山高水长”，后来他的朋友告诉他，“先生之德”不如“先生之风”。“德”与“风”，意义无什么区别，最重要的区别在声音上，“德”字仄声音哑，“风”字沉重响亮。

事实上，文章段落的起伏开合，句的长短，字的平仄，文的骈散，都是可以在声音里见分晓的。所以，教育家黎锦熙先生十分重视诵读，他认为训练国语的诵读三部曲就是“耳治”“口治”“目治”。

的确，好的散文就应该让学生出声地读，从读中抓住声音节奏，从声音节奏里抓住作者的情趣。举个例子吧：朱自清先生的散文是很注重音韵美的，他一再强调，“我做的第一件事，就是不放松文字。……我注意每个词的意义，每一句的安排和音节，每一段的长短和衔接处……”比如，他在《冬天》里写家人围坐吃白煮豆腐的情形——

说起冬天，忽然想到豆腐。是一“小洋锅”（铝锅）白煮豆腐，热腾腾的。水滚着，像好些鱼眼睛，一小块一小块豆腐养在里面，嫩而滑，仿佛反穿的白狐大衣。锅在“洋炉子”（煤油不打气炉）上，和炉子都熏得乌黑乌黑，越显出豆腐的白。这是晚上，屋子老了，虽点着“洋灯”，也还是阴暗。围着桌子坐的是父亲跟我们哥儿三个。“洋炉子”太高了，父亲得常常站起来，微微地仰着脸，觑着眼睛，从氤氲的热气里伸进筷子，夹起豆腐，一一地放在我们的酱油碟里。

这样的文字，清朗地、抑扬顿挫地读出来，别有意趣。每次朗读时，我眼前总会浮现出文中的画面，甚至会想起儿时我父亲就着猪头肉喝酒时，我和姐姐趴在八仙桌边等待他夹一小块塞到我们嘴里的情形。而学生呢，在一遍一遍的朗读中，对家人围聚而食的那种温热场面，也忍不住会生出向往与期待。我相信，这样顺耳、顺口、顺眼的文字，会在朗读中成为学生的语言积淀和情感积淀。

第二，研读。散文“形散而神不散”，教散文，首先要学会抓住散文的“神”。这个“神”，便是散文的“文眼”，如果能将文眼变成“课眼”，变成“学眼”，便可获得事半功倍的效果。孙友田的《月光母亲》，选在苏教版五年级下册的教材里，题目改为《月光启蒙》。文章的第一句“童年的夏夜永远是美妙的”便是“文眼”。细读文本不难发现，作者从“夏夜的美妙”，写到“民歌的美妙”“童谣的美妙”，最后抵达“母爱的美妙”，一唱三和，引读者走进这样的童年夏夜。

抓散文的“神”，需要关注作者以及作品的创作背景。我一直觉得在文学创作中，最容易上手的是散文，最难写好的也是散文——散文的背后站着一个无可逃离的足够真诚的“我”。因此，读一篇散文，对作者与背景的理解，与对文本的理解密切相关。像这篇《月光启蒙》，怎样让学生体会到“母爱的美妙”呢？联系了作者资料，学生了解到了孙友田是个煤矿工人，教师再出示作者另一篇散文《黑土地》的片段——

白天跟师傅下井劳动，头顶一盏矿灯，像黑色的鹰衔着一粒光芒，在丛林一样的支柱间飞翔。晚上，就把井下的感受变成诗行。

……

我写《大山欢笑》："万年煤层打个滚 / 一山乌金往外冒 / 黑宝石 / 往外跑 / 满山满谷金光照 / 一路大声喊 / 我是煤 / 我要燃烧！"

通过这样的链接，学生可以体会到"我"的生活热情，是受了母亲的影响，"我"的创作里，有童谣的影子。所以说，文中的"月光启蒙"实际上是说母亲在"我"的童年时代，不知不觉中给"我"播了一颗爱的种子，一颗诗的种子。月无声，母爱也无声；月有光，母爱也有光。母亲在清苦的日子里为"我"吟唱的那些民歌童谣，让"我"知道了面对艰难困苦，永远有热情，永远有憧憬。

为了抓住散文的"神"，对于教材中"选作课文时文字有改动"的作品，我会去查原文及出处。比如，选入苏教版四年级上册冯骥才的《珍珠鸟》，原文中有一句很重要的话："有人说，这是一种怕人的鸟。"这句话，其实是这篇文章的"文眼"。冯骥才的这篇散文，是他在经历了 10 年"文革"后的反思。"文革"对中国人最大的破坏在人斗人，人怕人。文中的这对珍珠鸟，其实是当时中国民众的一个缩影。作者写作此文是想给未来的中国走向开出一帖药——人与人之间要互相信赖。这帖药能不能治好当时中国的病，作者并没有完全的把握，因而结尾他写的是"信赖，往往创造出美好的境界"，而不是教材中所写的"信赖，不就能创造出美好的境界吗？"。诚然，修改后的文章，单从"人与鸟相处"这个角度来看，似乎并没有什么大问题，但从文学作品的角度来看，改动的地方，伤害了作者想要表达的情意。同样的问题，在琦君的《桂花雨》中也有。琦君的原文中讲到桂花，"迷人的原因，是它不但可以闻，还可以吃。‘吃花’在诗人看来是多么俗气，但我宁可俗，就是爱桂花”。文中的作者借桂花表达的是对故乡的魂牵梦绕之情。一个人对故乡的怀念，往往是起于故乡的食物对“胃”的熨帖与召唤。所以，这里的“吃花”是重要的有情味的细节，编者把这部分内容删了，就没有这个味道了。有时，编者可能觉得给孩子读的文字，最好不要枝蔓，然而，这样做的结果往往是伤害了散文的样子，散文的美，恰恰在于那种旁逸斜出里的风景。

其次，就是研读散文的“形”。我往往会从“结构”“语言”两个角度去研读。先说“结构的安排”。众所周知，作文运思，最重要、最艰苦的工作，不是搜寻材料，而是有了材料以后，怎么进行选择与安排。一篇文章中，每一个意思或字句就是一个兵。在调用之前，好的作者必定会进行一番检阅，然后排定岗位，摆好阵势。叶圣陶、朱自清、老舍等大家文章的结构布排，学生相对容易上手学。叶先生和朱先生都做过老师，自然知道什么样的文章适合学生学。老舍呢，这方面也做得特别好。老舍写《猫》,先写大猫,再写小猫;写《趵突泉》,先写大泉,再写小泉;写《母鸡》,先写它惹人厌的地方,然后笔锋一转,写它可爱可敬的地方。朱自清的《冬天》,更是“形散而神不散”的典范:从儿时围聚吃豆腐的冬天，到友人泛舟西湖的冬天，再到台州一家守候的冬天，漂亮，缜密。朱先生自己也很得意这样的章法控制，他说，“控制文字是一种愉快，也是一种本领”。的确，好的散文应该是链式的结构，咬合紧密而开合自如；而那种稀松得像烟灰一样的结构，则不经一碰，一弹即断。

在文章的轻重处理上，选入苏教版六年级下册的叶圣陶的《记金华的双龙洞》，亦是理想的教材。每每讲到游记的轻重处理，我必要拿此文作为典范，教学生理脉络，分轻重，有简有繁。这个原则，陶渊明也遵守的，他的《桃花源记》，写渔人报告太守，只有六个字:“诣太守，说如此。”

再说“语言的推敲”。一个众所周知的故事，说苦吟诗人贾岛的那首《题李凝幽居》，大诗人韩愈建议他用“敲”而非“推”。我不知道当时贾岛是怎么想的，用“推”字固然显得鲁莽了一点，但它表示门是掩着的（没关上），而且屋里可能并无灯光，门外的人并不能确认里面是否有人应门，或者是僧人与友人相熟到无需敲门，这样就多了一份人情。再者，“敲”难免剥啄有声，惊动了宿鸟，就破坏了“幽”的气氛。说到底，用哪个恰当，要看的是当时的情形符合哪一种境况。所以说，推敲语言的背后，其实是推敲思想和情感。

散文的味道，就应该在朗读中、在推敲词句甚至标点的感觉中品出来。且看下面这段文字——

> 即或任何东西没得吃，我们还是十分高兴，就为的是乡场中那一派空气，一阵声音，一分颜色，以及在每一处每一项生意人身上发出那一股臭味，就够使我们觉得满意！我们用各样官能吃了那么多东西，即使不再用口来吃喝，也很够了。
>
> ——沈从文《我上许多课仍然不放下那一本大书》

这段文字中，“一派空气”“一阵声音”“一分颜色”“每一处”“每一项”“一股臭味”，作者连用了六个“一”来表现乡场的热闹。句中的“臭味”应该是“气味”的意思，但用了“臭味”就有了一种闹哄哄的杂乱感。各种感官，作者都用了“吃”来讲，足见这个乡场带给“我”全身心的愉悦感和满足感。

阅读散文，就需要带着学生这样去咬文嚼字。除了对非常搭配的语言要敏感以外，对于运用比喻修辞的文句，也不要轻易放过，因为比喻正是文学语言的根本，是文学辞藻的特色。钱锺书先生在《读〈拉奥孔〉》中提出了比与被比的两种事物的关系："不同之处越大，则相同之处越有烘托；分得越开，则合得越出意外，比喻也就新奇，效果也就越高。"我带学生品读比喻的时候，判断比喻好不好的依据大概有这样两条：一是写熟悉的事物能否给读者带来新鲜感，写陌生的事物能否给读者带来熟悉感；二是低层次的比喻在形似，高层次的比喻则追求神似。例如，辛弃疾在《沁园春》里写山势的美，"似谢家子弟"，用乌衣郎的整肃大气来比山的态势，可谓独特，又带给人审美的愉悦。

此外，读者尤其是小学生特别容易忽略虚词，在积累词语方面，教师也往往重视形容词或四字成语，然而，虚词的空灵虚活，恰是散文韵致的必需，要注意引导学生感受与体会。鲁迅先生的散文里，虚词用得特别灵活。比如：

> 我家的后面有一个很大的园，相传叫作百草园。现在是早已并屋子一起卖给朱文公的子孙了，连那最末次的相见也已经隔了七八年，其中似乎确凿只有一些野草；但那时却是我的乐园。
>
> ——鲁迅《从百草园到三味书屋》

你看，"早已""连""已经""其中""似乎""确凿""只有""但"，这些虚词，仿佛暗水流于花径，造成情意的流转与曲折，意味深远，值得学生咀嚼、领会与学习。

三、一个小学生日记里的情趣

坚持带学生读优秀的散文，进行文学的审美阅读，对学生而言，他们真的不需要什么奖赏，也没有什么东西可以诱惑他们或奖赏他们，因为他们已经爱上了散文阅读，从中得到了滋润并有了回响。且看我带的一个中等资质的五年级学生写的微博体日记：

> 这是一节体育课。他在用心地听老师讲垒球的投掷技巧。他很认真地听，可也没听懂什么。经过一大堆无用的讲解（在他眼里）后，终于实战了。他跑到操场的草地上，拿起纸球，照着老师的样子，右脚弯曲，左腿拉直，以45°角，左手放平，与右脚成直线，右手持球稍低于左手，随后以一个甩鞭子的动作扔了出去。他认真地做，使出了全身的力气，但效果很不理想。球，只高，不远，像梦想一样。
>
> 他很努力了，可就是扔不远。他转身用自己的动作，随意一扔，远得很呢。“跑车再好，就是比不过自己的单车舒适。”他记着这句话，打着响指，慢慢走远……

五年级学生，会用“他”来叙述自己的故事，会用梦想来比喻球的状态，会用响指表达内心的得意，这是多么有情趣的日记。

“张老师，小小的手霜呵护您的双手，您的双手呵护着我们的未来。”几年前的教师节，我收到了一支学生送的小手霜。手霜很廉价，然而，会编织文字的姑娘，让这份礼物的意义远远超越了礼物本身。我想我会一直记着这句话，并用它来鞭策自己不断努力，这，便是文学的力量。

藏起来的情思

薛法根

小学语文教材中的“散文”，是指诗歌、小说、戏剧等“纯文学”之外的现代文学作品。统编教材四年级下册中编排了两个“散文”单元：第一单元是写景类散文，《乡下人家》《天窗》《三月桃花水》；第四单元是状物类散文，《猫》《母鸡》《白鹅》。这些散文所写的人、事、景、物，似乎一读就懂，并不难；难的是隐藏在这些人、事、景、物背后的思想情感，不下一番“体会”的功夫，就很可能“视而不见、察而不觉”，白白浪费了作者的“苦心”。

一、把握散文的“含蓄”之美

中国文化素来崇尚“含蓄”的表达，鄙弃“直白”的言说。不说“很想你”，而说“一日不见，如隔三秋”；明明要问“文章合不合主考大人的意”，偏偏要说“妆罢低声问夫婿，画眉深浅入时无”（朱庆馀《闺意》）。唐代司空图在《二十四诗品·含蓄》中以“不著一字，尽得风流”来品鉴诗歌的含蓄之美；刘勰在《文心雕龙·隐秀篇》说：“隐也者，文外之重旨者也；秀也者，篇中之独拔者也。隐以复意为工，秀以卓绝为巧，斯乃旧章之懿绩，才情之嘉会也。”意思是将情思“藏”在事物中而不直接写出来，才是真正的美文；“藏”得越深，“藏”得越巧，“藏”得越是不露痕迹，文章就越有艺术的魅力。朱自清先生把自己对时光匆匆而逝的惋惜与焦虑之情，“藏”在了一滴水里：“在默默里算着，八千多日子已经从我手中溜去，像针尖上一滴水滴在大海里，我的日子滴在时间的流里，没有声音，也没有影子。”这，便是中国现代散文的含蓄之美。

从散文写作的角度来说，越含蓄越美，思想情感“藏”得越深越是体现表达功力；从散文阅读的角度来看，越含蓄越难，思想感情“藏”得越深越是需要揣摩能力。那么，思想感情究竟“藏”在哪里呢？作者是怎样将思想感情“藏”起来的呢？

一是“藏”在文本的语词里。作者的情思，有时无须“藏”起来，在文中直接表露出来。比如辛弃疾的《清平乐·村居》中“最喜小儿亡赖”，一个“喜”字浓墨重彩地表露了对孩童、对乡村的“喜爱”之情；《乡下人家》中“青、红的瓜，碧绿的藤和叶，构成了一道别有风趣的装饰，比那高楼门前蹲着一对石狮子或是竖着两根大旗杆，可爱多了”。“别有风趣”“可爱多了”，这些语词带着情感色彩，是作者对瓜架之美的一种评价，直接表明了作者欣赏与赞美的情感态度，一读就能感受得到。难的是“藏”起来的，需要用心揣摩一下，才能品味到其中细腻的情思。比如《乡下人家》中“几场春雨过后，到那里走走，你常常会看见许多鲜嫩的笋，成群地从土里探出头来”。这里的“探”字，运用了拟人的手法，将春笋写成了活泼、顽皮的孩童，喜爱之情隐藏其中；再如，“他们把桌椅饭菜搬到门前，天高地阔地吃起来”，这里的“天高地阔”本意是形容天地之高远与广阔，却用在乡下人的吃饭上，“大词小用”，既让人有一种新鲜感，又让人浮想联翩，乡下人在户外吃饭时，那种边吃边聊、粗放不羁、惬意自得的表情，洋溢着满足与幸福，而作者那种恬淡而欣喜的情思就隐藏在这个小小的词语中。

二是“藏”在景物的形象里。散文中所写的景与物，是作者眼中的景与物，而非客观世界中的景与物，也非读者眼中的景与物，带着作者的主观态度与情感倾向，因而常常是“变形”的。比如老舍先生看到自家的猫在稿纸上踩了几个脚印，居然成了“在稿纸上踩印”的“几朵小梅花”。猫脚印是脏的、丑的，小梅花是纯的、美的，这样的“变形”，是作者的感情“催化”的，因为太喜欢自家的猫了，所以连脏的脚印都觉得是美的。再如茅盾先生写自己小时候从天窗看见“雨脚在那里卜落卜落跳”，看见“带子似的闪电一瞥”。在一般人的眼里，雷雨和闪电是可怕的，然而在作者的眼里，却像淘气而机灵的小精灵，好玩极了，好看极了。这是因为作者内心的情感投射到了所写的事物上面，雨滴溅起的水花跳起了舞，闪电迸发的火花闪动着眸，寻常的事物顿时情趣盎然。

三是“藏”在篇章的构思里。如果说情思“藏”于语词是“小隐”，“藏”于景物细节是“中隐”，那么“藏”于篇章结构则是“大隐”。散文作者一反常态“故意”制造的篇章结构，往往是为了“隐藏”情思的独具匠心。老舍的《猫》，照理先写小猫满月的时候，再写小猫长大的时候。作者却偏偏颠倒了猫的生长顺序写，一开始就写长大的猫性格“古怪”，似乎不讨人喜欢：既老实又贪玩；既贪玩又尽职；既温柔可亲又冷漠无情；既胆小又勇猛。然而仔细辨别一下，猫的优点与缺点，在作者眼里同样可爱；一只有缺点的猫，在作者眼里显得更可爱。此时，你才明白老舍先生如此构思的用意，猫是可爱的，无论小时候还是长大后。明明是很可爱，却偏偏说不可爱，这样的写法就是“正话反说”，就像父母对孩子的嗔怒：“你这个傻孩子……”话里是“傻”，话外是“爱”。这样的“反语”法在《母鸡》一文中不但“用足”了，而且还“升级”了。文章开头，老舍先生一反常态，用了足足三个语段，一层一层地写尽了母鸡的“恶行”，直言“一向讨厌母鸡”，这与一般人对母鸡的认知与态度截然相反。为何这样构思？为的就是要赞扬母鸡成为“母亲”后表现出来的“美德”：负责、慈爱、勇敢、辛苦。先抑后扬，鲜明的对比手法，烘托出母鸡作为“母亲”的伟大形象，生动诠释了“一个母亲必定就是一位英雄”的思想内涵。这样的“对比”法，丰子恺先生也运用自如。《白鹅》一文，不写白鹅的“美丽”，专写白鹅的“高傲”——当成人来看待。写叫声，拿狗做对比；写步态，拿鸭做对比；写吃相，拿人做对比，称它是“鹅老爷”，浓墨重彩描写人“侍候”鹅的场面，在妙趣横生的描述中，作者那种明里揶揄却暗自欢喜的神情，让你一想就要发笑。

有人说，情思“藏”于语词之内，代表了作者的语言功夫；情思“藏”于人、事、景、物之中，代表了作者的技巧功底；情思“藏”于谋篇布局，则表现出作者的章法驾驭水准。阅读散文，就是要把握散文含蓄的美学特征，打开深藏情思的缺口，才能真正披文入情。

二、着眼阅读的“体会”之力

正因为散文中的思想情感往往被作者故意“藏”起来，所以在阅读时必须要用心“体会”。思想是理性的认知，可以通过逻辑分析而日渐清晰明朗；而情感是感性的体认，常常只可意会无法言传，更何况，感情往往是无理而妙。散文中的情感，是作者的“私情”，有可能是读者无法理解、无法想象的。比如季羡林先生的《夹竹桃》，满院的奇花异草不爱，独爱有毒的夹竹桃。因为在他眼里，夹竹桃有别的花草所没有的韧性，即使是花影也能让人产生无限的遐想，他所联想到的地图与海轮、荇藻与游鱼、墨竹与活画，也是一般人所想不到的。要“体会”到作者的“私情”，就要找到几把打开情感闸门的钥匙。

一是抓住关键词句，领会作者情思。散文中的情思，常常凝聚在一些特别的词句中，抓住这些“文眼”，就能准确领会作者的用意与情感。第一单元中须把握三类语句：第一类是议论的语句，作者在描写人、事、景、物的过程中，会自己站出来“说话”，直接表达自己的意见和看法，甚至直接表露自己的爱恨喜怒。比如《乡下人家》最后一个语段“乡下人家，不论什么时候，不论什么季节，都有一道独特、迷人的风景”，抓住这句“文眼”，自然就可以领会作者对乡下人家的喜爱与赞美之情。第二类是反复的语句，反复是诗歌常用的抒情方式，这些反复出现的语句往往是作者情思的凝聚点。比如《天窗》中两次出现“这时候，小小的天窗是你唯一的慰藉”，这个句子是抽象的，所以在每次出现之后，作者用了一个语段具体描述透过这个天窗看到和想到的美妙事物和景象，揭示了天窗带给孩子们的乐趣，也揭示了天窗对于孩子们成长的意义。第三类是比喻的语句，作者将自己的情意“藏”在所比的事物中，抓住所比事物的形象特征和情感色彩，就能领会作者的情思所在。比如《三月桃花水》中，将桃花水的声音比作“一串小铃铛”，将桃花水的光芒比作“一匹明洁的丝绸”，将三月的桃花水比作“春天的竖琴”，比作“春天的明镜”，透过这些美好的事物，就能领会作者对桃花水的喜爱和赞美之情。

二是联通多种感官，触摸作者情思。“体会”，顾名思义，就是要用整个人的身体与心灵去感受与领会。人的身体有多种感官，视觉、听觉、触觉、嗅觉以及知觉，乃至直觉。这些感觉是通过“心思”而相互联通，产生奇妙的通感。阅读散文，如果借助语言文字，激活多种感官，就可以获得立体的感受。比如朗读，就可以将文字转换成声音，文中描摹的声音、人物对话的语气、作者言语的强调，都可以通过听觉感受到；朗读还可以唤醒字里行间的情感，通过声音的抑扬顿挫传达出来，无须讲解分析，一听就会受到感染；如果配以和散文情感一致的音乐，则更能将文中“藏”着的情思催发出来，产生一种情感的共振；再进一步，如果呈现和散文所写景物一致的画面，字里行间的情思便能“声情并茂”地荡漾在读者的心间。《乡下人家》《三月桃花水》等都适宜用朗读、配乐朗读加画面映衬的方式，在多种感官的参与中触摸到作者或浓或淡的情感脉动。

三是借助角色代入，体验作者情思。散文是作者戴着“有色”眼镜看周遭世界中的人、事、景、物，阅读时不妨将自己代入文本中，站在作者“我”的视角去看、去想，就能获得一种设身处地的现场感、情境感，在作者的情感世界中走一个来回。比如《天窗》，你没有身处黑洞洞的屋子里，就难以体验到那种无聊、寂寞、憋闷，甚至黑暗带来的恐惧，就难以体验那一方小小的天窗所带来的快乐和希冀，更难以体察一个孩子在黑暗中，透过这方天窗所激发的丰富想象力和蓬勃生命力。从这个角度来说，散文可以丰富一个人的生活经验和情感世界，见识到自己未曾经历的“活法”与“想法”。

三、遵循教学的“移情”之道

四年级下册第一单元提出“抓住关键语句，初步体会课文表达的思想感情”，指向体会表达什么情思，落在“思想情感”，侧重揣摩“藏”起来的情思；第四单元提出“体会作家是如何表达对动物的感情的”，指向体会如何表达情思，落在“写作方法”，侧重揣摩“藏”情思的艺术。无论是体会表达的情思还是体会情思的表达，都要遵循散文教学的基本规律，那就是“移情”。体会表达的情思，就是将作者的情思“潜移”到读者的内心；体会情思的表达，就是将作者的写法“迁移”到读者的笔下。散文教学要设计“移情”的支架，让学生在具体的情境任务中，磨砺自己的感受力和理解力。

一是绘“图”。阅读散文，不妨从篇章结构入手，抓住那一根“情思”线，将散落的人、事、景、物串起来，绘一张“情思”地图。比如《乡下人家》，紧扣“一道独特、迷人的风景”这一根主线，将乡下人家房前屋后的人、事、景、物，绘成五幅图画：屋前的瓜架；门前的花地和屋后的竹林；地上的鸡和河里的鸭；夏日的露天晚餐；秋夜的虫鸣。而后为每一幅图画写一个“抒情”的句子，可以从文中摘录，可以自己写作：构成了一道别有风趣的装饰；显出一派独特的农家风光；绘成一幅自然和谐的田园风景画……绘就这样一张图文并茂的“情思”地图，就是经历思想感情的体会过程。缺少了“情思图”这个学习支架，散文阅读就成了“流水线”，就难以建构散文阅读的认知结构。丰富认知结构，才能提升阅读能力。

二是品“词”。散文中的情思，往往“藏”在那些特别的词句中。阅读教学就要锻炼学生的语言敏感力，对那些富有情感色彩，或者富有表现力，或者富有新鲜感的词语、句子，静下心来读一读、品一品，品咂出其中的情趣、意味，从词句的表层读到词句的里层，读出言外之意、句中之情。比如丰子恺先生的《白鹅》，写鹅的叫声，一连用了“严肃郑重、厉声呵斥、厉声叫嚣、引吭大叫”四个词语，让人不由得联想到一个形象——“母老虎”；写鹅的步态，一连用了“步调从容、大模大样、傲然站立、毫不相让”四个词语，让人不由得浮现出一个形象——“大人物”；写鹅的吃相，一连用了“三眼一板、一丝不苟、从容不迫、昂首大叫、架子十足”等词语，俨然就是一个活生生的“鹅老爷”。同样一只鹅，不同的词串勾勒出不同的性情，细细品读、想象、比较，才能领会其中的风趣与情意。

三是还“原”。散文中所写的人、事、景、物，和客观世界中看到的不一样，其间的差异就是“情思”折射的结果。如果我们将作者笔下的事物还原成客观的事物，并加以比照，就可以清晰地“看见”隐藏着的情感色彩。比如《猫》一文中，将猫踩印在稿纸上的脚印，写成了“小梅花”;《天窗》一文中，将雨点溅起的水花写成了“雨脚在那里卜落卜落跳”，将可怕的闪电写成了“带子似的闪电一瞥”……将这些作者笔下的“小梅花、雨脚、带子似的闪电”还原成现实生活中的“猫脚印、水花、闪电”，剥去了“情感”的外衣，就变得寻常了，不美了。这样的还原比照，才能将散文中的事物形象显示出独特的光彩来，才能显露出其中的“情感”色彩。

四是仿“写”。许荣哲先生说，要学会读小说，最好的办法是学会写小说。你在写小说的过程中，自然就能发现构思小说的种种诀窍；此后再读小说，无论多么复杂的小说，都会变得通透起来，其中的构思技巧不再神秘。读小说是这样，读散文也是这样，读任何文体都是这样。会写的人，可以读到别人读不到的东西，那就是表达的艺术；而领会了表达的艺术，对文本的理解与领会，就会更深一层，可以看到作者深藏的写作意图。让学生仿照课文中的写法，练一练，写一写，或许对文本的理解和感受会更加深入而细腻。比如，仿照《乡下人家》描写中加入议论的写法，写一段《城市人家》；仿照《猫》的“反语”写法，写一写“吝啬而大方”的奶奶；仿照《母鸡》的“对比”写法，写一写“考试前后”对老师的态度变化；仿照《白鹅》的拟人写法，尝试将一段读来索然无味的动物描写，修改得栩栩如生。类似这样的仿写活动，都能实现从读到写、从写到读的深度迁移。

故事文体教学的实践与思考

虞大明

一、故事文体教学的现状综述

在小学语文统编教材中，编排有特殊单元，包括阅读策略单元、文体单元、作家单元、习作单元、综合性活动单元等，其中文体单元包含童话故事、民间故事、神话故事、寓言故事和小说等。

我以为，文体单元中的故事文体教学大致存在以下问题：

其一，文体意识淡薄。在文体单元的教学中，虽然教师无需刻意地教授文体知识，但不可缺乏文体意识。从教学现状看，文体意识淡薄的现象普遍存在，语文课堂依然难以脱离“无体”的教学困境。不少教师在制订故事文体的教学目标时，往往会忽视文本的文体特点，简单设定教学目标，教学目标表述基本雷同，如：认识几个生字，会写几个词语；能基本把握故事的大致内容；能有感情地朗读课文；能感悟故事主人公的人物形象、品质特点，从而激发学生的情感，陶冶情操；等等。如此众文同教，千篇一律，存在着泛人文化、划一化倾向。

其二，内容分析烦琐。故事文体属口头文学和通俗文学，故事内容往往源于生活，跟学生的生活实际较为贴近和融合，因此，内容层面具有通俗易懂的特点。如民间故事是老百姓口耳相传的故事，是老百姓生活的真实写照和艺术加工，表达的是老百姓对美好生活的向往。一般来说，学生通过预习，基本能读懂和了解故事的大致内容。在教学中，教师的作为往往表现在引导学生运用一定的方法针对故事内容进行精练的概括、梳理，从而达成对故事内容的总体把握。但在教学实际中，不少教师还是在耗费大量的宝贵时间，陷于烦琐的内容分析而无法自拔，导致教学目标偏离语文本质，教学效率低下，课堂语文味缺失。

其三，语用实践欠缺。不少专家指出，统编教材在教学时，教师应当落实好几条基本理念，如“用教材教”“向教材学表达”，等等，我以为很有道理。这样的理念恰恰指向了语文教学的语用诉求，与语文课程的性质、基本任务以及核心素养基本吻合。在故事文体的教学中，不少教师因为故事文体的文本对人、事物、景物的个性化描写较为缺乏，语言较为通俗和口语化，叙事手法比较粗疏等原因，从而把体现语文教学本质特征的语用实践束之高阁。此种现象，恰恰表明了部分教师对语文课程性质的理解不够到位，对语用实践的理解较为片面、机械和单一。

二、故事文体教学的基本模块

（一）自主初读文本，概览故事内容

阅读一篇文章，首先要把握文本的大致内容。故事基本归属于民间叙事文学，故事的情节通常是类型化的，是有规律的，在叙事结构上呈现出模式化的特点。因此，教师在引导学生初读文本的时候，要让学生理清故事发展的先后顺序，借助小标题的方式，梳理出主要情节，再凭借模式化的叙事结构，把主要情节串联起来达成对故事内容的概览。拿神话故事来说，神话故事经常采用“很久很久以前”开头，

给人以历史悠久的感觉，激发读者的兴趣。中间一般用“过了不久”“多少年过去了”作过渡，大都以“从此以后”作结尾。叙事大多按照时间顺序展开，条理清晰。以统编教材四年级上册《盘古开天地》为例，在初读文本后，教师要引导学生先找出“很久很久以前”“有一天”“天和地分开后”“盘古倒下以后”这四个标志性的时间节点，再把富有传奇色彩的主要情节浓缩成四个小标题：巨人沉睡、开天辟地、顶天立地、改天换地。学生根据这四个小标题概述故事的主要内容就水到渠成了。这样的概述，抓住了神话故事最神奇的情节，把握了神话的叙事结构，提升了学生提取、概括信息的能力。

当然，把握故事的大致内容，方法是多元的。可以采用课题扩充法、六要素法、图文并茂法，等等，像《牛郎织女》，要求学生针对重要情节画连环画，以此来把握故事的梗概就很有意思。

（二）适度问题驱动，探究文体特点

教学故事类文本，教师要引导学生关注故事文体的基本特点。这是“向文本学表达”这一理念在故事文体教学中的有效体现，也为学生后续续写故事、创编故事奠定基础。故事的文体特点一般包括童话、神话、民间故事中神奇而又巧妙的想象、跌宕的情节、巧妙的悬念、鲜活的人物形象、口语化的语言以及寓言故事中的小故事大道理，等等。这些文体知识，不应由教师贴标签式地简单告诉，而应由学生在阅读探究活动中自主发现和感悟。学生的探究活动往往来源于教师的问题驱动。因此，课堂教学中，问题驱动是不可缺少的重要环节，是激发学生求知欲、启发学生思维的重要手段。教学故事类文本，教师要凭借适度的问题驱动，引导学生探究故事的文体特点。如：“这个故事为什么那么吸引人？这个故事为什么那么好看？”等。需要指出的是，在引导学生探究故事文体特点时，不必刻意求全，而应根据文本特点，突出重点。

就拿故事中的“想象”来说，神话故事、童话故事、民间故事之所以极具吸引力，缘于每个故事都具有非凡的想象。每个广为流传的故事中的想象既神奇又巧妙：神奇之处，天马行空，令人匪夷所思、脑洞大开——譬如“石能补天”“箭能射日”“人能追日”，等等；巧妙之处，想象世界与现实世界互为关联，让人眼前一亮，点头称妙——譬如“神话世界中的‘五彩石’补出了现实世界的‘五彩云霞’”，“神话世界中的‘后羿射九日留一日’留住了现实世界中的‘独日造福众生’”，等等。非凡的想象，使得故事具有了“神性”和“魔力”。非凡的想象，恰恰是古人智慧的象征。综观以往的故事教学，师生往往对“想象的神奇”关注颇多、津津乐道，至于“想象的绝妙”却鲜有人问津。个人感觉有点可惜，毕竟，想得妙更见智慧。因此，教师应当以“这样的想象妙在哪里”为任务驱动，引导学生感悟想象之绝妙。先在教师的引导下发现，再让学生自己发现，最后给学生言语实践和创造的机会，可谓循序渐进、循循善诱；先聚焦一个文本的重点语段，再迁移到其他故事文本，可谓举一反三，学以致用。

（三）学习讲好故事，注重语用实践

语文课程是一门学习语言文字运用的综合性、实践性课程。义务教育阶段的语文课程，应使学生初步学会运用祖国语言文字进行交流沟通，吸收古今中外优秀文化，提高思想文化修养，促进自身精神成长。工具性与人文性的统一是语文课程的基本特点。语文学科的核心素养之一便是语言建构与运用，因此，语用实践应当成为语文教学的核心内容。我以为，在故事文体教学中，应当把讲好故事作为最基本的语用实践。对于讲述故事，课标中也有相关的要求表述：第一学段要求“听故事、看音像作品，能复述大意和自己感兴趣的情节，能较完整地讲述小故事”；第二学段要求“讲述故事力求具体生动”；第三学段要求“对自己身边的、大家共同关注的问题，或电视、电影中的故事和形象，组织讨论、专题演讲，学习辨别是非、善恶、美丑”。讲故事可以促使学生在潜移默化中提高感悟力和理解力，丰富和存储语言材料，并把文本语言内化为自己的语言。讲故事还可以提高口头表达能力，增强记忆力和当众言说的自信心，对于书面表达有促进作用。可见，讲故事就是最好的语言习得和语用实践。能把故事讲好，是学生语文素养的综合体现。

在践行讲好故事的过程中，教师应当适度地提示方法。如“扮好角色”——讲不同的角色时，就把自己当作这个角色；又如“表情准确，动作辅助”，等等；尤其是抓住文本的空白点，引导学生展开合理的想象，在讲故事时有自己的创造。统编教材四年级上册《女娲补天》是一个神话故事，这个故事留有极大的想象空间——女娲是如何找到其他颜色的石头的？分别在什么地方找到这些石头的？在找石头的过程中，她会遇到哪些困难？在这些问题的驱动下，学生的讲述就有了自己的创造——女娲在喷发的火山岩浆中找到了赤石；女娲在寒冷刺骨的雪山顶上找到了白石；女娲在寻找的过程中，头发凌乱了，衣服也破碎了，手和脚也伤痕累累，可她全然不顾……如此，不但把女娲补天的过程表现得更清楚、更生动，而且增强了学生对女娲神奇力量和伟大人格的理解感悟。

（四）感知人物形象，汲取精神养分

语文教育不仅要培养学生的语文能力，提升语文素养，而且还要为培养德、智、体、美、劳全面发展的人尽一份力量。故事类文本的教学也要落实好这一点。故事之所以能口耳相传，经久不衰，除了情节曲折生动、想象绝妙之外，人物形象鲜明也是重要原因之一。故事中的人物形象饱满，个性鲜明，且大多闪烁着真善美的伟大而朴实的人格魅力。如牛郎的勤劳善良、织女的心灵手巧、老牛的知恩图报……这些人物都是正义的化身，都是正能量的代表，寄托了先民征服自然、改变困境的美好憧憬。故事中的人物形象能在一定程度上影响学生的精神成长，使学生的精神世界变得丰盈。

因此，在教学中，教师要引导学生抓住关键词句，感知人物形象。

统编教材四年级上册《普罗米修斯》是一则古希腊神话故事，讲述的是普罗米修斯为了解决人类没有火种的问题，不惜触犯天规，勇敢地“盗”取火种并将火种带回人间，惹怒了众神领袖宙斯。普罗米修斯被宙斯锁在悬崖受尽苦难，最后得到大力神救助。故事赞扬了普罗米修斯不畏强权、不惜牺牲一切为民造福的伟大精神。在教学时，教师可以引导学生了解普罗米修斯“盗”取火种的原因，从而感悟普罗米修斯“盗”取火种是为了造福人类。然后从“铁链锁身，不能动弹，不能睡觉；日夜遭受风吹雨淋；鹫鹰啄食肝脏”三方面了解普罗米修斯所受到的惩罚。最后从火神和大力神赫拉克勒斯对普罗米修斯的同情和解救中进一步感受普罗米修斯不畏强权、不惜牺牲一切为民造福的伟大精神。在结课环节，呈现《普罗米修斯赞歌》，进一步表达对普罗米修斯的敬佩。如此，学生在感悟普罗米修斯鲜明的人物形象的同时，也受到了精神的洗礼。

三、故事文体教学的几个注意点

（一）区分精略，提升学生的阅读能力

统编教材在每个主题单元中延续了人教版教材“精读、略读并存”的特点，故事文体单元也是如此，教师在教学时应加以合理区分。比如，针对精读的故事文本，教师要有机融合单元人文主题、语文要素以及每篇课文后面的习题，科学构筑教学内容；而针对略读的故事文本，教师则要整合人文主题、语文要素和导读提示中的要求。需要精读的故事文本，教师要关注字词句段篇的教学，引导学生探

究故事文本的文体特点，挖掘和把握故事文本的人文价值和语用价值。而面对略读的故事文本，教师要大胆放手，善于凭借任务驱动，引导学生将从精读文本阅读实践中习得的阅读方法和策略加以自主运用，从而内化为能力。

综观当下的故事文体的教学，教师在略读文本的教学中，往往把握得过全、过细、过严、过密，从而丧失了提升学生阅读能力的宝贵机会。略读一个故事，一般指基于合理取舍的大略的“走马观花、蜻蜓点水”式的读，不作全面关注和深究。学生通过自主阅读或合作阅读能读懂的，或者与人文主题、语文要素关联度不高的，应当坚决舍弃。而“文体特点、言语形式”层面的，学生往往比较容易视而不见，因此，教师应积极聚焦那些最能体现故事文体特点、言意并举的语段，进行细细品读和感悟。

比如，“故事中哪个部分给你留下了深刻的印象？”通过架构大问题，让学生自主选择，在班级交流的基础上，选择学生选的最多的部分作为集体研究的内容。这种方法最能体现学生的自主阅读和个性化阅读。再如，围绕“哪个情节让你觉得最神奇、最关键、最精彩”展开研究，这些情节往往是故事的重点内容，而针对“为什么”的进一步推进，则将思维引向深入，关注的是言意并举或个性化表达的语段，聚焦的是言语表达形式和方法的秘妙，对于学生今后的言语实践大有益处。

（二）精讲多练，让学生成为实践的主人

教师精讲、精指导，留足时间让学生多探究、多实践，这应当成为故事文体教学的基本策略。只有教师的智慧精讲，才能为学生进一步主动探究、积极感悟、多加练习创造机会和条件。教师精讲要把握好“可以讲什么”和“坚决不讲什么”——教师可以讲的一般是故事的文化内涵、故事的文体特点、故事的表现秘妙以及讲好故事的方法策略；教师坚决不讲的则是学生自己能读懂的故事情节甚至人物形象。教师要善于设置具有“领导力、探究性、激励性”的主问题或大任务来驱动学生的积极探究和自主实践。如果问题过于简单，缺乏探究性，学生不费吹灰之力就能解决，就会失去自主阅读的动力，从而导致学生对故事情节的概览、人物形象的感知、文化价值的理解以及美好寓意的剖析走马观花、流于形式。设计好问题、大任务，对于学生开展自主阅读实践有着非常重要的奠基意义。

教学故事文体的文本，往往可以把“讲好故事”作为主要的任务驱动。让学生去探究“哪些情节特别重要一定要讲好？为什么？”“怎样讲才能体现人物及角色的特点？”，等等。问题一旦抛出，就要留足时间让学生经历自主探究、小组合作、组际交流，教师适度点拨引领，最终达成问题解决。特别需要强调的是，这样做，还仅仅停留在言说和纸上谈兵的层面。要让学生真正有所获得，真正成为学习的主人，还需要教师在课堂中舍得留时间、花时间，让学生真刀实枪地进行讲故事的练习，围绕“抓重点、扮角色、添想象”等讲好故事的秘诀，或独立讲，或合作讲；或讲局部，或讲全部，把讲故事进行到底。

（三）统筹安排，保证系统性和层次性

故事文体在人教版教材中呈分散状编排，而在统编教材中呈现了主题单元集中编排，突显了单元主题式教学的特点。统编教材非常重视故事复述能力的养成，它依据儿童语言能力发展特点，循序渐进地安排复述的训练。二年级安排了借助图片等讲故事，三年级详细复述，四年级简要复述，五年级则安排创造性复述。教材编排呈序列性，需要教师在教学前，以学生的学习现状和能力基础为标准准确制订教学目标，依据学情确定教学的起点、方法和策略。

另外，教师要对整个单元作系统性思考。比如，五年级上册第三单元民间故事，由两篇精读、一篇略读、口语交际、习作、语文

园地和快乐读书吧构成。（见表 3–1）在对教材作系统全面解读的基础上，才能合理进行教学定位，才能更有效地利用文本展开教学，将文本价值扩大化。

表 3–1　五年级上册第三单元目标定位

类别	内容	基本目标定位	创新目标定位
精读	《猎人海力布》《牛郎织女（一）》	践行快速默读；落实故事情节的梳理和概括；试讲故事，创写小故事。	探寻民间故事幻想奇、转折多、版本多等特点；运用抓重点、扮角色、添想象的方法讲好故事。
略读	《牛郎织女（二）》	学习快速默读，根据情节配画讲故事。	知晓一个较长的民间故事可分为几个小故事，为小故事拟题目并讲好每个小故事。
口语交际	讲民间故事	交流民间故事，把感兴趣的故事讲完整、讲生动，配上表情和动作。	践行听故事、读故事、记故事、演故事、讲故事，通过角色模拟等方法把故事讲生动。
习作	缩写故事	把较长的民间故事缩写成简短的故事。	聚焦合适的点创编故事。
语文园地	民间故事的语言特点	讲述创编故事，感受民间故事的语言特点，积累包含民间故事的古诗。	进一步感受民间故事语言平实浅显、想象神奇、情节多变的特点。
快乐读书吧	民间故事的拓展性阅读	阅读更多的民间故事。	进一步感受民间故事的语言特色、文化内涵和美好蕴意。

在系统分析的基础上，教师才能在教学中统筹兼顾，不缺位和失位。如有效地引导学生感知民间故事重复的叙述特点，引导学生概括民间故事的情节，引导学生感受民间故事语言的特点，引导学生发现民间故事承载的传统文化，引导学生做好民间故事的传播者，引导学

生缩写故事，尝试创编故事，感受民间故事所寄寓的美好情感。

（四）适度拓展，凸显教学内容丰富性

对于儿童而言，读得广比读得深有价值，因此在故事文体教学内容的架构上，教师也应当有所作为。在灵活处理教材的基础上，尽可能拓宽教学内容的广度，增加厚度。教师要凭借旁征博引来实现“基于教材、适度高于教材、广于教材”的立体构筑，丰富教学内容，让学生在有限的时间里接触更多的文字，了解更多的信息。丰富学生的阅读经历，加深学生的阅读感悟。

其一，链接相似文本，强化阅读感悟。如教学《牛郎织女（二）》“王母划天河”时，可链接《白蛇传》中的“水漫金山”片段。这两段情节具有异曲同工之妙，这样的链接阅读，既拓宽了学生的阅读面，又让学生进一步感受到了民间故事“幻想奇”的特点。

其二，链接背景材料或同主题文本，促进理解感悟。如在教学《牛郎织女》探讨“故事中的老牛为什么不能换成别的动物”时，可以链接中国古代男耕女织的农耕社会文化，还可以链接不同动物的本质特征和象征意义等。又如，教学《普罗米修斯》，可补充阅读《普罗米修斯赞歌》，以此感受诗歌用凝练的语言对英雄人物形象的精辟刻画。

统编教材古诗文的解读方法和教学策略

武凤霞

统编教材经过 2017 年部分地区实验，2018 年全国部分年级试用之后，2019 年秋季学期在所有地区、所有学段全面铺开。这一版本的教材特点十分鲜明，其中最引人关注的特点之一就是古诗文篇目的大幅度增加。据资料显示，小学阶段 12 册教材共选有古诗文 129 篇，占课文总数的 30% 左右，与原人教版比较，增幅约为 80%。而且统编教材古诗文内容更加丰富。

第一，形式和出处多样，有《三字经》，有《笠翁对韵》，有汉乐府，唐诗宋词更不必说；古文的选择范围更宽，有的选自《世说新语》，有的选自《晋书》，有的选自《韩非子》，有的选自《论语》，等等。

第二，表现内容更加丰富，有赞美祖国大好河山的，有表达爱国之情的，有体现友谊的，有传递学习技巧的。田园诗、送别诗、边塞诗、哲理诗、传统节日诗、状物写景诗都有涉及。编排方式也更加灵活：古文和部分古诗编入阅读课，作为教读篇目，也有的古诗文出现在“语文园地”，还有的附在教材后面作为选读存在。

面对如此多的古诗文篇目，加之统编教材力图构建“让学生竭尽全力去阅读”的编排意图，同时，因为古诗文内涵丰富、意境深远，学生要真正深入理解古诗文的内涵与意境实属不易。所以，指导学生深刻领悟古诗文的语言美、意境美，进而感受中华传统文化美，并实现语言表达、思维发展、审美鉴赏、文化理解等综合能力的协同发展，就成了摆在教师面前的一个重要的话题。

那么，如何才能教好古诗文呢？我想，我们可以从两个方面考虑。

第一，教师要能正确解读古诗文的意蕴。这是教学古诗文重要的前提条件，但也是小学语文课堂上常常出现的问题。很多教师对古诗文的解读依赖于教学参考书，参考书上写什么就教什么，怎么写就怎么教，这固然不会出错，但同时也让教学缺乏了深度和灵性。一个有思想的教师必定会站在提升学生认识和兴趣的角度去解读文本。那么，解读古诗文有哪些方法路径呢？

①准确理解诗文的内容。这里所说的诗文内容不仅仅指诗文本身字词句的意思，更指诗文中所隐藏的意象。什么是“意象”？象，指客观的具体的事物；意，是作者的心意体验、思想情感。当作者有一份独特的感受，通过内心的想象，在脑海中呈现出鲜明的形象，称为意象。古诗文中的意象相对比较固定，例如：鸿雁一般代表思乡、信使；杜鹃一般象征薄命佳人、忧国志士，哀婉，至诚；东篱隐含着出尘脱俗之境；菊花代表着高洁品质；月亮的解读最多——思乡怀人，烘托反衬，感喟咏叹。在古诗文中看到夕阳，就要想到凄凉失落、苍茫沉郁。诗文中的“酒”一般有促人亢奋、引人抒怀、豪放洒脱的意思，当然也有借酒浇愁的用法；古诗文中的水，一般指时间的长河、情愁。当我们了解了诗文中的意象，我们就能透过风花雪月看到诗文背后隐藏的爱恨情仇，作者通过诗句所要表达的情感也就明晰起来。

②关注诗文背后的故事。很多诗文背后是有故事的，只是我们不注意去关注。诗文背后的故事，不是出生年月，不是个人成就，也不是别人几句冷冰冰的评语。而是事件，是能温暖人的事件。无锡市教科院院长赵宪宇曾经介绍过两首诗背后的故事，很是打动我的心。其

中一首诗是苏轼的《饮湖上初晴后雨》:“水光潋滟晴方好，山色空蒙雨亦奇。欲把西湖比西子，淡妆浓抹总相宜。”几乎每个老师都把这首诗当作写西湖美景的诗来教，而且仅仅当作写景的诗来教，其实这也有偏差，因为苏轼这首诗的背后也是有故事的——

> 东坡的第三个夫人，实际上是侍妾，叫王朝云。朝云天生丽质，聪颖灵慧，能歌善舞，虽混迹烟尘之中，却独具一种清新洁雅的气质。一日，东坡与几位文友同游西湖，舞女王朝云以其艳丽的姿色和高超的舞技，特别引人注目。舞罢，众舞女入座侍酒，王朝云已换了另一种装束：洗净浓妆，黛眉轻扫，朱唇微点，一身素净衣裙，清丽淡雅，别有一番韵致，仿佛一股空谷幽兰的清新之意，沁入苏东坡因世事变迁而黯淡的心。此时，本是丽阳普照、波光潋滟的西湖，由于天气突变，阴云蔽日，山水迷蒙，成了另一种景色。湖山佳人，相映成趣，苏东坡灵感顿至，挥毫写下了这首传诵千古的诗。

我想，当我们了解了这个故事，眼前就不仅仅是西湖雨后的美景了，更多了一位淡妆浓抹都相宜的绝妙佳人，心中的情感也不由得柔软下来。这就是故事的魅力！

③关注诗文呈现的空间。纵观统编教材的古诗文阅读篇目，我们会发现，编者经常会有意识地把同一题材的诗文编写在同一课，比如《咏柳》《宿新市徐公店》《春夜喜雨》都是春天的主题，《夜书所见》《山行》呈现的是秋天的主题，《元日》《清明》《九月九日忆山东兄弟》都与传统节日有关，《出塞》《凉州词》《夏日绝句》都是向往和平的主题，等等。就连古文的编写也有了主题，比如有鼓励学生发奋读书的《囊

萤夜读》《铁杵成针》，也有教学生读书方法的《古人谈读书》，等等。这种编排方法为教师把几首诗组合在一起教学提供了方便，同时也为学生的学习提供了更大的空间。

小学教材中所选择的古诗文都是经典之作，经典诗文之经典，在一定程度上表现为语言有足够的张力，诗文本身有足够大的空间，让学生有机会在阅读中发现，在发现中理解，在理解中提升。比如六年级上册杜牧的《江南春》："千里莺啼绿映红，水村山郭酒旗风。南朝四百八十寺，多少楼台烟雨中。"这首诗有着极其强烈的跳跃和张力。孙绍振先生这样解读："千里莺啼"用夸张的语言给了我们想象的空间和自由。第二句为我们提供了最有特点的细部，把其他部分留给读者去想象，最后将形象中心聚焦到"楼台""烟雨"上。那佛寺在烟雨之中是那样朦胧、缥缈、超凡脱俗。让人不由感慨：南朝灭亡已经许多年，但是寺庙之美依然如故。在孙老师的解读中，诗词的空间就清晰地呈现在我们面前。有空间的学习才是真正的学习。

④找寻诗词的共同点。刚才我们说到，统编教材编写古诗文的时候，十分注重主题的凸显，这就为教师教学提供了一个很好的解读切入点。在解读的时候，不妨试着发现不同诗作的共同之处，从而打开一条在比较中学习的思路。比如，三年级下册《元日》《清明》《九月九日忆山东兄弟》都是描写传统节日的，所以，就可以找寻三首诗在写作方面的相同之处和不同之处，梳理出三首诗都是通过描写节日习俗来表情，同时也能发现三首诗所表达的情感是不同的。再比如，《出塞》和《凉州词》都是边塞诗，两首诗都写出了战争的结果"万里长征人未还"和"古来征战几人回"，但是也有不同的地方：《出塞》先写战争带来的结果，再写心中的期盼；《凉州词》则是先写畅饮的场面，再写战争的结果。而且两者的意境也不一样：《出塞》安静中充满期盼，《凉州词》热烈中满是豪迈。其实，当解读清楚这些内容的时候，我

们的教学也就有了方向。

⑤放在文化的背景下解读。统编教材中有不少诗文看似简简单单，但是却有着深厚的文化背景，如果不站在文化背景下解读，我们看到的就只是好玩，只是有趣，传统文化中蕴含的历史精华、文中人物身上的风骨气质就不能很好地彰显。比如《杨氏之子》这篇文章，初读就会发现是一个很有意思的故事，故事中孔君平亲切、风趣，孩子不卑不亢。很多教师解读到这里就止步了，其实我们应该问一问自己：为什么在长幼尊卑严格有序的古代，却有着这样一个好像很不合拍的故事呢？其实这个故事背后站着一个时代:《杨氏之子》选自《世说新语》,《世说新语》记录的是魏晋南北朝时期士族阶层的闲情逸事，晋朝时天下颇乱，统治者没有太多精力用儒家的礼法约束人们的言行，所以那个时代的人思想自由，行为解放，崇尚智慧，喜欢辩论，这就是所谓的魏晋风度。也正是在这样的文化环境下，才有了这样一个经典的故事。了解了这样的文化背景，学生对文章的认识就达到了一个新的高度。

解读诗文的角度很多，但是不管哪一种方法，都要努力去发现诗文中的细微处，因为越是细微，越见精神。

其次，教师教学中要努力选择合适的策略。准确解读文本只是完成了第一步，关键是教师如何把自己的解读变成学习活动让学生在活动中体会感悟，达到真正理解的目的。教学古诗文的时候，可以关注以下几种方法：

①在解决学生的问题中落实教学。古诗文有别于其他文本最突出的地方就是它的语言——准确传神，讲究跳跃和留白，而且在遣词造句上打破常规，追求独特和新奇，这就给学生的理解带来一定的难度。所以，教师在教学古诗文的时候一定要给予学生表达自己疑惑的时间，我们也只有在了解学生疑惑的时候，才能感受到学生真正的需

要，教学才能真正凸显学生立场。记得有一次教学王翰的《凉州词》，有学生表示对“醉卧沙场君莫笑”这句话不理解，于是许多感觉自己理解的同学纷纷发表自己的认识——“就是喝醉酒了，醉倒在沙场上，将军不许笑。”“就是有的战士因为喝醉了酒被敌军杀死了，就不能笑了。”“在喝醉酒的时候突然战斗开始了，依然要去和敌人拼杀，所以大家不能笑。”……孩子们的解释在我们看来稀奇古怪，但这就是他们这个年龄所特有的认知，这时候教师的帮助会让他们豁然开朗，教师的价值也正在于此。

曾经听刘发建老师执教《出塞》和《凉州词》，刘老师引导学生学着编者的样子在自己不懂的词语的右上方标上序号，然后尝试着小组内解决，解决不了的拿出来全班讨论，于是“秦时明月汉时关”“胡马”“为什么战场上还有夜光杯”等问题就出现了。并不是所有的理解都让人感觉枯燥，这些来自学生自己的问题，学生探究的兴趣是极其浓烈的，课堂上他们争相表达自己观点的神态深深打动了每一位听课教师。

②努力让诵读落在故事中。古诗文教学中有一些常规动作，无论教的是什么都必定存在于教学中。比如朗读就是其中之一。有感情诵读在古诗文教学中是不可替代的存在。教师指导朗读一般会从音准、节奏、语气、语调和情感等方面进行指导，也就是说，更注重技巧的指导。其实，学生对作品的理解才是读好的关键所在。记得教学王昌龄的《出塞》时，“万里长征人未还”一句的朗读在学习初期一般是“万里长征——人未还”，但是当学生看到唐朝地图，看到边塞的位置，知道了将士们有的来自遥远的广东、福建，有的来自河南、河北，朗诵的节奏立即发生了变化：“万——里长征——人未还”。为什么会这样呢？因为学生真实感受到了路途的遥远。把朗读放在故事中指导，最经典的还是王崧舟老师指导的《长相思》。“作者的身经过了

哪里？”——高山上，船上，沙漠里，山海关，营帐里……，“无论在哪里，作者的心中都牵挂着远在北京的亲人，这就是——‘长——相——思’。”

故事的魅力是帮助学生建立画面，画面的价值在于让学生恍如置身其中，于是就有了感同身受。当学生对语言文字感同身受的时候，他的朗读就是在表达自己的情感，而不是替作者抒发感受。

③在复合的空间中教学。所谓“复合”就是指物体因某种原因而结合起来。复合的学习内容就是把多篇文本按需要组合在一起供学生学习的内容。一般有三种形式的复合：一是以所学文本为主，融合同质的课外文本，为学生提供更多的学习资料；二是以单元为整体进行教学；三是把教材中的文章根据主题进行重组。三种方法共同的本质是打破一篇文章学习的常规，让学习内容丰富化、多样化。提供复合的学习内容最大的益处就是用文本为学生架构起学习的广阔空间，文本之间互相解释，互相补充，从不同的维度呈现共同的主题，或说明共同的问题。

教学四年级上册《出塞》《凉州词》《夏日绝句》时，我分两个步骤完成教学：首先学习《出塞》《凉州词》，让学生找到这两首诗中“长”得最像的两句话体会，于是“万里长征人未还”“古来征战几人回”两个核心句子就一起读懂了。然后在学生感受到将士们是“英雄”的基础上，让他们在《夏日绝句》中找到两句话概括将士们的形象，并说明理由。于是又完成了对“生当作人杰，死亦为鬼雄”两句话的理解。因为有前两首诗做铺垫，《夏日绝句》的学习只要几分钟就可以完成。在学习中，我清晰地感受到了三首诗之间彼此的支撑，感受到了学生在三首诗之间辗转腾挪的学习样子。

的确，多篇文章的组合学习，容易跳出单篇文章教学精雕细刻的窠臼，让教师设计学习活动时从大局着手，通盘考虑，让学生在不同的文本中比较鉴别，联系起来学习思考，如此，则更容易让学习活动真正发生。

当然，无论用哪一种方法进行教学，教师都要立足学生学科素养的提升，设计教学目标，安排教学过程，使教学明确指向学生语文素养的提升。

统编教材文言文教学的有效策略

王林波

提到文言文的教学，我们首先想到的一定是初中，甚至是高中。的确，文言文与小学关系似乎不那么密切。一直以来，在不同版本的小学教材中出现的文言文数量都非常有限，正因为接触得少，小学阶段的文言文教学也就研究得不够深入，种种困惑让老师们更是觉得文言文不好教，甚至产生了畏难情绪。

困惑一：相对陌生。小学生，包括小学教师对文言文都比较陌生，原因就在于之前小学阶段的教材中文言文的选文数量太少了。以原人教版教材为例，第一学段和第二学段没有出现过文言文，第三学段在五年级下册才出现了首篇文言文——《杨氏之子》，而小学阶段总共出现的文言文也仅有4篇，而且极为短小，少的五六十字，最多的也就百余字。因为选文数量太少，因此师生对文言文都有一种生疏感，接触得少，熟悉都谈不上，热爱就更无从谈起了。

困惑二：不太好读。要读好文言文，一方面需要合理地断句，另一方面需要准确地读出那些生僻字、通假字的读音，要做到这两点并不容易，别说是小学教师，就连大学教授都很可能误读某些字的字音。以统编教材六年级下册《文言文二则》中的《学弈》一文为例，文中的“一人虽听之，一心以为有鸿鹄将至，思援弓缴而射之”一句中的“缴”很容易读为“jiǎo”。的确，我们常常听到的“缴费、缴纳”等词语中的“缴”都读为“jiǎo”。但在这里，“缴”表示的意思是“带有丝绳的箭，射出去后可以将箭收回”，要读作“zhuó”，面对这样一个并不常用的读音，如果我们没有理解字义，误读就很难避免。

困惑三：难以理解。我们都知道，文言文语言高度凝练，同时，很多字古今意思并不相同，加上通假字较多，因此要理解还真有一定的困难。以统编教材六年级下册中的《文言文二则》为例，《两小儿辩日》一文中的“去”字古今意思发生了很大的变化，用学习现代文的经验来思考，学生很难想到“去”所表达的是“离”的意思。另一篇《学弈》一文中“为是其智弗若与？曰：非然也”一句带有一个“为”字，《两小儿辩日》一文中“两小儿笑曰：‘孰为汝多知乎？’”一句也带有“为”字，并且同读第四声，但我们知道它们所表达的意思却是不相同的，前者的意思是“因为”，后者则通“谓”，意思是“说”。面对如此复杂的情况，小学生要理解的确是比较困难的。

困惑四：缺乏趣味。较之现代文教学，很显然，文言文的教学是比较枯燥的，当前小学阶段的文言文教学因循守旧，教法模式化，教学步骤大体为：①导入，理解课题；②初读，读准字音；③再读，理解字词；④三读，解释句义；⑤背诵，总结升华。如此模式化的教学很难激发起学生的积极性，没有趣味性，学生自然主动性缺失，无法燃起对文言文学习的热情。

翻开统编教材，我们发现文言文的数量剧增，小学阶段出现的文言文多达 14 篇，比之前的人教版整整多出了 10 篇，而且文言文出现得很早，从三年级上册开始，一直到六年级下册，每一册教材中都安排有文言文。从四年级上册开始，每一册教材中都安排有两篇文言文。面对文言文数量的剧增，回首当前状况堪忧的文言文教学，我们必须开始高度重视文言文的教学，探索统编教材视域下文言文教学的有效策略。

策略一：以读为本，在反复读中了解内容

从当前文言文教学的问题出发，我们只有盘根问底，才能寻找到有效的应对策略。“盘根”，这个“根”就是课标，2011 年版的课标在“课程目标”中提出，学生要“能借助工具书阅读浅易文言文”。在第三学段的具体目标中又指出，要“诵读优秀诗文，注意通过语调、韵律、节奏等体味作品的内容和情感”，通过“诵读、语调、韵律、节奏”等几个关键词，我们不难发现，学习文言文，读无疑是极为有效的方法。“问底”，这个“底”就是教材，打开统编三至六年级的教材，我们发现几乎每一篇文言文的课后题第一题都是“正确、流利地朗读课文”。经过一番盘根问底，我们发现了学习文言文的首要策略，那就是读。

文言文的读，首先要读得正确，学生可以借助拼音、注释，将文言文读正确，同时还要注意读好句子中的停顿。其次要读得通顺，就是要断句合理，通畅自然，力争做到声断气连。最后，要读出韵味，学生可以通过想象画面等方式理解文章内容，把自己体会到的情感带入朗读之中。

当然了，要读出文言文的韵味并不容易，教学时一定要引导学生展开想象，丰富画面，从而有所体会，读出文言文的韵味来。以统编教材三年级上册《司马光》一课为例，课文中写道：“众皆弃去，光持石击瓮破之，水迸，儿得活。”我们知道，三人成众，当时在场的孩子比较多，可不止司马光一个人。当司马光持石击瓮时，其他人皆弃去，会是怎样的场景呢？教学时，我们可以请学生来扮演小伙伴们，通过多媒体展现画面、播放声音营造氛围，教师同步叙述故事情节，当说到“一儿登瓮，足跌没水中”时落水的声音响起，扮演小伙伴们的学生进行表演。这样一来，众人的慌乱害怕、四下开就与司马光的冷静机智、持石击瓮形成了鲜明的对比。真切的情

境、真实的画面对于学生将这段话读出韵味是很有好处的。

再以统编教材四年级下册《囊萤夜读》一课为例，文中写道："家贫不常得油，夏月则练囊盛数十萤火以照书，以夜继日焉。"这段话中的"以夜继日焉"值得挖掘，教学时，我们可以通过语言这样渲染情境：同学们，现在你就是车胤，都晚上 11 点了，赶快睡吧！时间过得飞快，已经到了凌晨 1 点了，你还在看书，别看了别看了，都这么晚了，还继续吗？凌晨 3 点了，所有人都睡觉了，这么晚了，真的挺累的，而且可能还有蚊子叮你呢，你就睡吧，睡吧！都凌晨 5 点了，这回肯定很累了，上眼皮和下眼皮开始打架了，那就睡吧！你为什么不睡呢？通过几轮师生之间模拟情景的对话，学生便体会到了什么是"以夜继日焉"，之后再读课文，自然会读出其中的韵味。

策略二：教给方法，在自主探究中理解内容

我们知道，文言文是基于古代汉语的书面语言，行文简练。正因为语言极为凝练，因此言简义丰，不容易理解。当前，小学文言文的教学中存在着两种比较极端的方式。一种是字字落实型，一字一词不放过，古今对照来翻译。教师认为文言文中的每个字都不好理解，因此只有讲清楚了每一个字的意思，学生才可能读懂文章，理解大意，于是文言文教学被上成了翻译课，枯燥乏味。另一种是置之不理型，教师认为文言文后面是有注释的，再借助工具书，学生是能够自主理解大意的，不用过多解释，因此教学结束后有些学生往往还云里雾里的，不懂文意。

教学文言文，特别是在理解字句意思方面，我们应该适度而为，不走极端。为了让理解字词句意思的教学更有效，我们一定要细读课后题，充分领会编者意图，教给学生适当的方法。

以三年级上册《司马光》一课为例，翻开课后题，我们发现第二题写道："借助注释，用自己的话讲一讲这个故事。"可见，这一课理解词句的意思，主要运用的方法就是看注释。再看看仅仅两句话的课文下面，注释就多达 6 条。看来，学习这一课，我们必须带领学生关注注释。

四年级下册《囊萤夜读》一课，第一题明确指出要"借助注释，理解课文中每句话的意思"。紧接着，第二题在泡泡中写道："用这样的方法，我们能更好地学习文言文。"这样的方法是怎样的方法呢？细读题目，我们发现，还可以通过组词的方法来理解，比如"胤恭勤不倦，博学多通"一句，"恭、通"两个字我们都能在注释中找到意思，那么"倦"又是什么意思呢？为"倦"字组词为"疲倦"，这不正是它的意思吗？原来，教学这一课，除了看注释，我们还可以通过组词的方法帮助学生理解意思。

同样，统编教材五年级上册的文言文《古人谈读书》、六年级下册的《文言文二则》也都在课后题中点明了理解词语的方法，无论是联系生活实际，还是联系上下文都是很有效的理解文言文大意的方法。教学时，我们一定要紧扣课后题，深入分析，充分领会编者意图，这样才能教给学生最适当的方法。

策略三：阅读链接，在拓展中感受传统文化

课标强调了课堂教学资源和课外学习资源对语文教学的重要性。因此在文言文的教学中，我们也要有意识地以教材为基础，链接相关资料。在资料的链接过程中，我们可以抓好以下三个时间节点：

课前：引入资料，做好铺垫。对于小学生而言，文言文是比较陌生的，学生学习起来会有新鲜感，但同时也很可能产生畏惧心理，因

此，导入新课时适度进行资料链接来做铺垫就显得很有必要。《司马光》是统编教材中出现的第一篇文言文，教学时，我们就可以请学生看图猜故事，引出《曹冲称象》《乌鸦喝水》《司马光砸缸》等智慧故事，一方面能够扩大学生的阅读量，另一方面也能为课文的学习做好铺垫。接着，教师可以讲述文言文版的《司马光》，让学生将其与现代文版的故事形成鲜明的对比，从而感受到文言文与现代文的不同。

课中：重难点处，补充渗透。与现代文相同，文言文中也会有重点句段，也会有难以理解的词句。为了帮助学生读懂相关的句段，我们可以通过及时补充相关的内容帮助学生阅读理解，化难为易。《囊萤夜读》一文中的第二句“家贫不常得油，夏月则练囊盛数十萤火以照书，以夜继日焉”是重点句。这句话用一连串的动作具体写出了车胤刻苦读书的情景，这样的表达方法学生不容易领会，教学时，我们可以从这一重点句出发，进行拓展性阅读。文言文《凿壁借光》就是不错的拓展阅读资料，文中写道：“匡衡勤学而无烛，邻舍有烛而不逮，衡乃穿壁引其光，以书映光而读之。”作者也使用了一连串的动作表达出了匡衡的勤奋。这样在重点处适度拓展，一方面让学生对重点句的表达方法有了更深入的体会，另一方面也扩大了学生的阅读量，同时也让学生更进一步感受到了古人刻苦读书的精神。可以说，这样做能够让工具性和人文性得到有机的融合。

课后：课外用法，拓展阅读。课堂教学，我们重点教给学生的是阅读方法，而课后就要让学生运用方法进行拓展阅读了，正所谓课内得法，课外用法。一节课虽然结束了，但学习并没有结束，甚至可以说，一节课的结束实际上就是全新阅读活动的开始。下课时，我们可以布置相关的阅读篇目让学生去读，去运用方法，加深体会。《司马光》一课的教学结束了，我们可以让学生借助注释阅读《龟兔赛跑》的文言文版，巩固借助注释理解句子意思的方法，同时还可以让学生对比着阅读文言文版和现代文版的《龟兔赛跑》，进一步感受文言文与现代文的不同特点。《囊萤夜读》一课学完了，我们可以推荐学生阅读《孙康映雪》《江泌映月》等文言文，让学生进一步感受古人刻苦读书的精神，进一步巩固借助注释和组词理解句子意思的方法。

策略四：聚焦词句，在学习活动中丰富语汇

词句是构成段落篇章的基石，学习语文，如果不去关注字词句，那就形同空中楼阁。吴忠豪教授曾语重心长地说过："小学语文课程应该将丰富学生的语言经验作为教学的首要任务，这是我研究四十多年语文课程教学得出的结论。"的确如此，一个语汇贫乏的人，是不可能有深刻的思维、细腻的情感的。教学语文，我们必须聚焦字词，不断丰富学生的"语言经验"。

教学统编教材五年级上册《古人谈读书》一课第三则时，我们就可以从巩固前两则中的读书方法名言出发，引导学生背诵"读书有三到，谓心到、眼到、口到""知之为知之，不知为不知，是知也"等名言，并以这些有关读书的名言为主线设计这节课阅读、质疑的教学流程。《古人谈读书》一课第三则写道："有识则知学问无尽，不敢以一得自足，如河伯之观海，如井蛙之窥天，皆无识者也。"细细品读，我们会发现这句话中暗藏的两个成语"河伯观海""井蛙窥天"，教学时就可以引导学生发现并背诵积累。同时，还可以引导学生紧扣"窥"字进行适度拓展，积累"管中窥豹、牖中窥日"等成语。有了丰富的积累，学生在表达时就不会有巧妇难为无米之炊的尴尬。

教学统编教材六年级下册《文言文二则》中的《两小儿辩日》时，我们也可以着眼积累，从背诵孔子的名言入手。开课时，教师可以出示名言的部分内容，请学生补充，从而丰富学生的积累。"学而时习

之，不亦说乎？有朋自远方来，不亦乐乎？人不知而不愠，不亦君子乎？”“见贤思齐焉，见不贤而内自省也。”“三人行，必有我师焉；择其善者而从之，其不善者而改之。”这些名言积累起来并不难，很多学生之前都有所了解，当学生发现这些耳熟能详的名言都是出自孔子之口时，就会立刻对孔子产生敬仰之情，而这时再告诉学生，面对两个孩子的一个问题时，孔子这位被联合国教科文组织评为“世界十大文化名人”之首的思想家、教育家却不能决也，那么这两个孩子到底问了怎样的问题呢？这样导入不仅丰富了学生的积累，而且激发了学生的兴趣，能够收到一石二鸟的效果。

策略五：关注语用，在语言实践中提升能力

课标明确指出：语文课程是一门学习语言文字运用的综合性、实践性课程。教学语文，我们一定要关注语言文字，发现作者的表达方法，通过情境创设，引导学生运用语言，习得方法，提升学生的语文素养。教学现代文，老师们大都已经形成了关注语用的教学习惯，但是对于文言文，总会觉得理解是能够做到的，要发现表达方法，运用写法进行表达就不知如何是好了。其实，古人写文章跟我们一样，也是有方法的，如果我们能够潜心阅读文本，精心解读教材，特别是当我们能够站在制高点向下看时，就能发现作者表达的秘妙所在了。

以三年级上册《司马光》一课为例，课文写道：“群儿戏于庭，一儿登瓮，足跌没水中。众皆弃去，光持石击瓮破之，水迸，儿得活。”细读课文，我们不难发现，原来作者写这篇文章的方法像极了学生写《一次大扫除》或者《课间十分钟》的方法，都是先从整体上写，再抓住某一两个重点人物来具体描写。“群儿戏于庭”“众皆弃去”就是从整体上来写的，而“一儿登瓮，足跌没水中”和“光持石

击瓮破之”则是对重点人物的具体描述，这样的写法并不高深，也并不难。教学时可以创设情境，引导学生进行表达。课文中说“群儿戏于庭”，自然，在庭院里游戏的孩子不少，那么除了这位登瓮的孩子，其他孩子又在玩什么游戏呢？我们可以紧扣这一空白处引导学生进行表达，说一说：群儿戏于庭，一儿登瓮，一儿__________，一儿__________，一儿__________。这样进行语言运用的实践，不仅能够提升学生的语言表达能力，同时还能丰富课文所描述的画面，让学生有更深刻的体验。

教学《两小儿辩日》时，我们也可以紧扣“一儿曰：‘日初出大如车盖，及日中则如盘盂，此不为远者小而近者大乎？’”这句话进行语用的拓展练习。课文中，一儿为了表达出日初出大而日中时小的观点，用车盖和盘盂进行比较，那么除了这两个大小相差甚远的物体外，还有哪些圆形的物体也可以形成鲜明的对比呢？我们不妨让学生运用课文中的句式进行表达：一儿曰：“日初出大如__________，及日中则如__________，此不为远者小而近者大乎？”这样一来，学生很快就能说出水车与轮胎、井盖与瓶盖、棋盘与纽扣等对比鲜明的事物。就在这样的表达过程中，学生对这一观点也就更清楚了。

策略六：兼顾要素，在相融相生中适度凸显

我们非常清楚，统编教材是以双线组元的，可以说语文要素的鲜明提出为我们进行语文教学提供了有效的抓手，关注语文要素，以语文要素为核心目标组织教学已经成了一线教师的一种共识，但是我们还必须清楚地认识到，古诗词和文言文是嵌入到双线组元的教材中的，古诗词及文言文的教学与语文要素并非鱼水不可分离，并不是非得要呼应语文要素才行，强拉硬拽地凸显语文要素势必会导致邯郸学步，

无所适从。我们要适度而为,适可而止。也就是说,我们必须从古诗词、文言文的特点出发,特别是从“这一篇”的表达特点出发来考虑能否呼应语文要素。

统编教材六年级下册第五单元的语文要素为:体会用具体事例说明观点的方法。本单元的口语交际栏目安排的也是辩论,明确指出当我们之间的看法产生分歧时,可以进行辩论,通过摆事实、讲道理来丰富认识,帮助我们全面地看待事情,处理问题。《两小儿辩日》正巧位于这一单元中首篇课文《文言文二则》之中,我们不难发现,《两小儿辩日》就是两个孩子在辩论,他们就是用具体事例来说明自己的观点的,这正好跟本单元的语文要素相吻合。面对这样的安排,我们没有理由不落实语文要素。因此,教学这篇文言文时,就可以与语文要素进行关联,设计教学。我们可以紧扣“孔子东游,见两小儿辩斗,问其故”一句中的“辩斗”一词,指导学生读好句子。一儿曰:“我以日始出时去人近,而日中时远也。”一儿曰:“我以日初出远,而日中时近也。”当学生读出“辩”的语气时,再引导学生进行表达,寻找具体事例来说明自己的观点。一儿曰:“日初出大如__________,及日中则如__________,此不为远者小而近者大乎?”一儿曰:“日初出__________,及其日中__________,此不为近者热而远者凉乎?”当学生找到事实依据,能够填写句子时,我们可以请出多位同学,观点相同的组成团队,互相进行辩论。这样不仅训练了学生的语言表达能力,同时也将本单元的语文要素落到了实处。

文言文是我国传统文化遗产中的瑰宝,统编教材中文言文篇目的增加就是要让学生从小感受到传统文化的魅力,尽早积累这些宝贵的财富。作为小学语文教师,我们一定要深入思考,大胆实践,采用有效策略,不断提升文言文教学的效率。

小学语文单元整体古诗词教学法

李怀源

新冠肺炎疫情期间，对传统文化的讨论因为赠语而热烈起来。但是，书到用时方恨少，话到嘴边说不出，让大众感受到学习古诗词不只是记记背背那么简单，得能够在适当的真实情境下信手拈来、恰当使用。

中国古代诗人对语言的追求是非常高的，用情特别专。“两句三年得，一吟双泪流”“吟安一个字，拈断数茎须”“为人性僻耽佳句，语不惊人死不休”，这三句诗就体现了诗人对语言精准表达的追求。对于语言的外在追求其实是对精致的内部世界的向往。

古诗词无疑是中国优秀传统文化的明珠，怎样把明珠镶嵌在小学生语文学习的桂冠上，成为我国小学生的显著特征，这是教师应当重点考虑的问题，故而要充分考虑古诗词教什么、怎么教和怎么评价。

一、课程视角：整体安排与系统规划

《义务教育语文课程标准（2011 年版）》对古诗词的课程目标没有单列，而是和儿歌、儿童诗和优秀诗文列在一起。不同学段的教学要求也有所区别。（见表 3–2）

表 3–2　义务教育语文课程标准比较

	2001 年版《全日制义务教育语文课程标准（实验稿）》	《义务教育语文课程标准（2011 年版）》
总目标	能借助工具书阅读浅易文言文。	能借助工具书阅读浅易文言文。背诵优秀诗文 240 篇（段）。
第一学段	1. 诵读儿歌、童谣和浅近的古诗，展开想象，获得初步的情感体验，感受语言的优美； 2. 背诵优秀诗文 50 篇（段）。	1. 诵读儿歌、儿童诗和浅近的古诗，展开想象，获得初步的情感体验，感受语言的优美； 2. 背诵优秀诗文 50 篇（段）。
第二学段	1. 诵读优秀诗文，注意在诵读过程中体验情感，领悟内容； 2. 背诵优秀诗文 50 篇（段）。	1. 诵读优秀诗文，注意在诵读过程中体验情感，展开想象，领悟诗文大意； 2. 背诵优秀诗文 50 篇（段）。
第三学段	1. 阅读诗歌，大体把握诗意，想象诗歌描述的情境，体会诗人的情感； 2. 诵读优秀诗文，注意通过诗文的声调、节奏等体味作品的内容和情感； 3. 背诵优秀诗文 60 篇（段）。	1. 阅读诗歌，大体把握诗意，想象诗歌描述的情境，体会作品的情感； 2. 诵读优秀诗文，注意通过语调、韵律、节奏等体味作品的内容和情感； 3. 背诵优秀诗文 60 篇（段）。

从总目标的对比来看，课标中明确提出的只有“文言文”，而不是“古诗词”或“古诗文”，从这个角度而言，课程总目标对古诗词的关注是放在文言文这个大概念之下的。2011 年版课标中增加了“背诵优秀诗文 240 篇（段）”的要求，这个要求也不是为古诗词单列的，而是对古诗词、儿童诗、文言文、现代文等的总体要求。从这可以看出，古诗词的学习是作为传统文化学习的一个部分整体进行考量的。

第一学段，学习古诗词第一是想象，第二是情感体验，第三是感受语言的优美，这是我们要重视古诗词教学的重要原因。

第二学段，“想象”和“情感”颠倒了位置，“领悟内容”变为“领悟诗文大意”，强调从整体上把握。

第三学段，首先由“诗人的情感”变为“作品的情感”，这个改动，强调了由文字本身来推测诗人情感的重要性。“诗文的声调”变为“语调”也体现了从作品到学习者本身的重心迁移。在2011年版课标中加入了“韵律”，是突出了诗词整体意会的特征。

根据课标的目标设计，可以从如下三个方面来确定古诗词教学的目标：

①能够利用工具书理解诗意。这个工具书包括选文中的注释和其他的资料。能够凭借资料的引入来理解文化。对文化的理解单凭单独的一首诗是不太容易做到的，一定要有一些资料的印证，学生才能理解诗背后所体现的文化。

②能够凭借语言文字理解诗情。诗情就是诗中蕴含的情感，主要的路径是想象。一是想象诗词描写的具体情境，二是想象此情境中诗人的情感。

③能够背诵一定数量的古诗词。这是硬指标，是学生积累古诗词的最低要求。在前两项目标达成的前提下，让学生熟读成诵，为诗句运用做准备。

从两版课标的比较来看，古诗词的教学更加倾向于整体理解和把握。课标对古诗词的教学进行了系统的规划，体现了层级推进的特点。

二、教材编排：整体编排与分类整合

（一）整体编排古诗词的内容

统编教材在每册中都编排了古诗词的内容，且编排的古诗词篇目的数量相对旧人教版有较大幅度的提升。

在小学12册的教材内共编排古诗词129首，主要分布在课文与“语文园地”中。除此之外，在教材中还有几处诗句的引用，分别出现在导语、课后链接中。六年级上册安排了一首《七律·长征》，因为七律也是古体诗，虽然是现代人写的，也归在古诗之中。

诗词总量比课标推荐的有明显增加。从教材对古诗文的呈现来看，数量基本固定，按年级成比例增加。精选了名家名作，李白、杜甫、白居易、苏轼、辛弃疾等历代著名诗人、词人的作品都有选入，占比较大，兼顾《诗经》、古风等。

古诗词在统编教材中有三种呈现方式。一是课文，作为课文来呈现的大约占到了一半。二是“语文园地”，除了呈现一些古诗词以外，还有成语、谚语等。三是导语和课后链接，就是在引入和拓展的时候，编者也有意识地使用诗句。

这样的编排，体现了整体编排的特点，遵循时时处处的规律。从一年级到六年级，从导语到“语文园地”都编排了古诗词学习的内容。“必学”和“选学”的内容交错安排，低年级必学内容少，选学内容多，给学生留有学习空间。高年级必学内容增加，选学内容相对减少。

从统计的 111 首古诗词来看，古诗词在教材中的分布坚持了一个“浅近”的原则。从选材的角度而言，写景诗占了很大比重，符合小学生根据具体情境进行想象的特点。

（二）古诗词教学内容的分类整合

小学生学习古诗词，同时应该积累古诗词学习的经验，具备学习古诗词的能力，但是一首一首零散地分布，显然不利于学生形成这样的能力。

要想让学生更好地学习古诗词，需要应用整体的概念，对古诗词教学的内容做一个分类整合。“整体”是指由事物的各内在要素相互联系构成的有机统一体及其发展的全过程。

这样的话，只要能够找到古诗词之间的联系，并根据这些联系把他们联结在一起，就能有助于学生把握规律，进行学习。

（1）根据主题进行联结构成整体。

诗词是写什么的，或者要表达什么情感的，把相似度高的古诗词放在一起来教。如写春天的，写离别的……这样的分类方式也是传统古诗词分类的常用形式。

（2）根据作者进行联结构成整体。

比如，把李白的诗整合在一起。李白在不同阶段写了不同的诗，反映了他在不同阶段的人生感悟。把这些诗放在一起，就可以从一个时间轴上来看作者的思想和情感。学生就能够体会到不能只是从字面上去理解一首诗，还应该从作者的角度理解。

（3）根据体裁进行联结构成整体。

古诗词除了押韵这个特征以外,还有其他特征。五言诗和七言诗、绝句和律诗，都是有区别的。根据这个特点可以进行体裁的整合。比如，把五言绝句放在一起，让学生来比较它们的特征，会令学生重视到诗词或文言文的基本表现形式。不能只看到表述的内容，还要看到表现的形式，这样有利于学生学习语言文字，也更有利于他们理解语言文字。

三、教法选择：整体设计与注重实践

课标明确了语文学科特征：“语文课程是一门学习语言文字运用的综合性、实践性课程。”古诗词教学作为语文课程的一部分，也不能停留在理解的层面，要重视诗句的运用。

“语文课程是实践性课程，应着重培养学生的语文实践能力，而培养这种能力的主要途径也应是语文实践。”从这个角度来定位古诗词教学的话，也要定在实践的角度。什么是语文实践呢？阅读与鉴赏、梳理与探究、表达与交流等，都是重要的语文实践方式，学生学习古诗词也要凭借这样的语文实践活动进行。

从整个人类的历史发展来看，口头语言形成了大约 15 万年，而系统的书面语大约 4000 年。《诗经》是我国的第一部诗歌总集，在此之前，人们其实已经有了口头诗作，然文字无法记录它的曲调。但无论怎样，古诗词是以语言为核心的，语言描述了某种景象、某种情境或者某种情感、某种意义，然后变成了文字。

“阅读”“诵读”“背诵”是课标给出的学习诗词的三种方式。教学诗词的时候，首先把文字还原成语言，把诗词读出来、唱出来、念出来、诵出来。还原成语言以后，还要还原成一个个图像，图像再还原成意义。诗句具备什么样的意义，它对诗人的意义是什么，对读者的意义是什么。这样，以语言为核心，图像、文字、意义，能够相互转换。（如图 3–1）

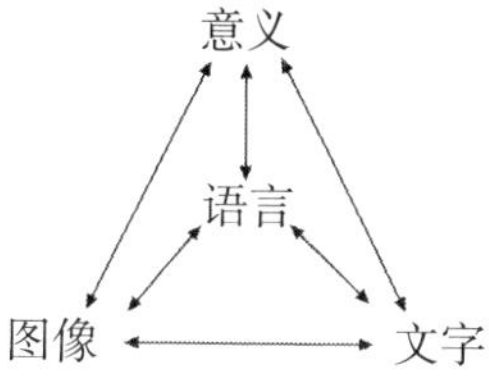

图 3–1

（一）从传统古诗词教学中汲取经验

中国是诗歌的国度，历代都重视诗的教学。在长期的教学中，也积累了有效的教学经验。

（1）吟诵。

吟诵就是投入情感地读。吟诵在过去的古诗词教学中是一种主要方式。主要就是通过某种腔调把诗词读出来，在诵读的过程中体会诗词的意蕴。以声传情，移情入境，以达到披文入情，入境为亲的境界。

（2）属对。

背诵不是凭空的，要和作诗结合在一起。小学生是不能够一下子写诗的，除非是真正有天赋的天才诗人。作诗的训练最开始的时候是属对，从一字对，到二字对、三字对、五字对、七字对。《声律启蒙》《笠翁对韵》等韵语读物都是作诗的准备，可以为小学生作诗储备语料和语感。

传统教育里面古诗词教学的短板是死记硬背，机械记忆造成的后果就是食古不化、望文生义等。所以也有一些文人，虽然接受了传统文化的教育，但是本身在创作方面并没有大的成就，没有把诗的语言变为自己的语言。

所以，现在教小学生学习古诗词，首先是读背，其次是理解，再就是要有意识地运用。

（二）古诗词整体教学的层级

古诗词教学可以有以下三个层级。

（1）读出画面。

读出画面不是说诗文里有一个什么样的人，写了什么样的景，而是读出立体的时空感。对学生而言，只提取诗文中的信息是不够的。比如，《望庐山瀑布》中的“日照香炉生紫烟，遥看瀑布挂前川”，学生不能只找到“瀑布”等景物，应该有一种立体的时空感。先要思考诗人在哪里，是在瀑布的脚下看，还是在对面的山腰里看，还是在山顶看。诗人在哪里不是凭空想象，而是要从诗句当中推测出来。诗人的位置确定了，再看诗人是写了某一瞬间，还是一直站在那里看，比如，《独坐敬亭山》中的“相看两不厌，只有敬亭山”，《望洞庭》中的“白银盘里一青螺”，这个是什么时间。明白了时间、地点，再去提取信息，诗人写了什么，学生就会以诗人的视角来理解。如果教师不教的话，学生不太容易能够深入地去理解诗文的内涵，而只能看到诗的表面。

（2）读出情感。

情感就是切己的体验感。引导学生读出自己的感悟来。“我现在站在诗人的位置，会有一种什么样的感受？我看到此情此景，会有什么样的感受？我现在就要设身处地地想一想。”要通过读诗句、朗诵诗句、吟诵诗句来表达情感，体验作者要让读者所体验的情感。

（3）读出节奏。

读出节奏就是读出切实的韵律感。这个规律应该让学生自己去体验，比如，五言诗、七言诗应该怎样断句，不同的五言诗、七言诗又应该怎样断句，这个规律应该是探究、归纳出来的，而不是把一个规律直接告诉学生让他们去演绎，更不应该是教师画几条斜线，让学生根据这个斜线或者根据自己的示范去读，那样学生对于语言的探究就非常浅了。

古诗词整体教学的策略，强调的是整体，这个整体是学生的整体，学生的整体感和他真正的学习古诗词的经验是相联系的。

（三）古诗词整体教学示例

以统编教材三年级上册第二单元《古诗三首》为例，根据课标的要求和整体教学的理念，我做了如下的教学设计。

【教学目标】

1.本单元的核心目标

（1）运用多种方法理解难懂的词语；

（2）学习写日记。

2.本课的具体教学目标

（1）结合注释，理解字句含义；

（2）展开想象，领悟诗文大意；

（3）对比探究，体会诗人情感。

【教学过程】

第一课时

引入（导入）：

阅读单元导语，明确单元主题和学习重点。

1. 阅读鉴赏：提取信息，感受诗中的“秋”

交流预习成果，把诗中字音读准，小组交流，解决可以解决的问题，记录无法解决的问题，在班内交流。

在三首诗中选择你最喜欢的一首，读一读，说一说你从哪里读出了秋天的感觉。

《山行》：寒山、霜叶

《赠刘景文》：荷尽、菊残、橙黄橘绿

《夜书所见》：寒声、秋风、促织（秋虫）

这些景物有什么共同点？（寒冷、美丽）

2. 阅读鉴赏：结合注释，理解字句含义

出示“停车坐爱枫林晚”“一年好景君须记”两句，小组内尝试运用注释互相说一说这两句诗的意思。

请同学在班内说一说，看他说得对不对。

谁还能运用其他的注释说说诗句的意思？

提示学生：有些诗句中的字或词不能确定意思，也没有注释来解释，这时候就需要联系上下文进行推测理解。

请同学选择一首诗，试着说一说整首诗讲的是什么内容。

3. 梳理探究：延伸学习，探索古诗规律

这几首诗除了内容有相同点，还有什么相同点？

（引导学生发现七言绝句的特点，如七字、四句、押韵等。）

再读古诗，读出古诗的韵律美。

第二课时

引入（导入）：

用简单的几句话说一说三首诗的内容。

1. 梳理探究：对比阅读，初探诗人情感

小组合作，通过对比阅读，体会三首诗歌表达了怎样的各不相同的情感。

小组汇报，说明三首诗各表达了诗人怎样的情感，并说明在诗中哪里找到了理由。

2. 梳理探究：结合资料，再探诗人情感

下发三段资料，各小组阅读后思考，三首诗分别表达了怎样的情感。（三段资料结合文本解读引导学生）

小组汇报，说一说是改变了之前的观点，还是证实了之前的观点，并结合诗句与资料说说理由。

古诗作为古代文人表情达意的一种方式，包含了丰富的情感，有时候我们需要结合时代背景与作者身世等方面的资料，才能更准确地理解作者想表达什么。掌握了这样的阅读古诗的方法，就像是掌握了一把金钥匙，能够打开走向无数中国古典文学瑰宝的大门。

3. 表达交流：读写结合，展现诗情画意

结合诗歌内容与今天讨论的成果，选择这三首诗中最喜欢的一首，将这首诗改编成一段话。

要求：①以诗人的口吻叙述；②包含每首诗中的全部内容，但可以调整叙述顺序；③体现诗人的情感。

完成后，在班上交流展示学习成果。

这一教学设计突出了整体的特点，按照层级推进，引导学生整体把握古诗内容。整个学习过程突出学会的语文实践的学习路径，“阅读鉴赏”“梳理探究”“表达交流”等语文实践活动统一规划设计，层层推进。学生在实践过程中，理解、感悟、探究、创造，把古诗学习与个人的表达结合起来，让学和用紧密结合起来。

（四）小学古诗词整体教学的评价

怎样检验学生学习古诗词的程度？

从语言建构与运用的角度来说，以情境中的正确运用为指标。处在某个情境之下学生能够脱口而出相应诗句，比如，登上泰山之顶，学生就能说出“会当凌绝顶，一览众山小”，这就是在情境当中的正确运用。

从思维发展与提升的角度来说，以整体把握整合解释为指标。一个人思维能力的表现，就是能够整合多方面的信息，然后做出合理的解释。对一首诗应该是这样的，不能只凭一个信息来解释一首诗，因为诗歌所传达的意思或者情感是隐藏在文字背后的。

从审美鉴赏与创造的角度来说，要重视意境的熏陶与感染。小学教材选编的诗词多数是写景的诗词，写景诗词选取的这些所表达的事物是具有典型特征的，要让学生去感受。

从文化传承与理解的角度来说，要重视成语典故的积累和运用。在诗词当中包含很多的典故和成语，要么是诗人引用的，要么是创造的。如果中国人说话的时候，都是现行的白话，而没有过去诗词的特征或者诗词的语言镶嵌在其中的话，对于文化的传承是不够的。

古诗词教学承担着重要的文化使命，也有独特的育人价值，是发展语文核心素养的凭借。从整体上进行设计，要考虑到诗人和诗句的结合点，考虑到学生和语言的发展点，把握学生与语言发展的规律，只有把理解、感悟、体验与运用结合在一起，才能实现有意义的古诗词教学。

从感悟神奇到体悟精神

韩中凌

一、教学现实：从神到人的尴尬

统编教材保留了许多经典篇目，特别是一些中外神话故事。四年级上册第四单元的主题为神话，包含《盘古开天地》《精卫填海》《普罗米修斯》和《女娲补天》四篇课文。“故事”和“想象”是神话教学的两个关键词，尤其是“想象”，将神话故事与纪实故事区分开来。

神话故事是人类的童年创作，有着天马行空的想象，更是人类文明与文化的源头，与儿童有着天然的贴合力。但在课堂教学中，却常常出现尴尬的场面。如《普罗米修斯》教学片段：

师：请大家看图（一只鹫鹰），它的嘴怎么样？

生：尖尖的，还有钩。

师：它的爪子呢？

生：看起来也很锋利。

师：对，这就是最凶残的飞禽，喜欢啄食腐肉。而肝脏是我们身体器官最柔软、最怕疼的地方。想象一下，这只凶残的鹫鹰一下一下啄开普罗米修斯的胸膛，又一点点啄食他的肝脏，那是怎样一种痛苦？

生：特别疼。

生：疼得晕了过去。

师：如果是你，你能承受吗？

生：不能。

生：可是老师，他是神，我们是人啊！

师：（稍微愣了一下）请大家读出撕心裂肺的疼痛感。

（学生在教师激情引读中，配乐朗读三次。）

无独有偶，在《女娲补天》一课中，教师采用了相似的套路，让学生画出女娲找石过程中的动词，可能遇到哪些困难，进而体会她为了人类历尽千辛万苦，再有感情地朗读课文。

以上两例教学最大的误区正如学生所指出的那样“他是神，我们是人”——将神话体裁教学等同于一般记叙文，将神降格为人，以人解神，完全消解了神话故事自身的神奇色彩。也就无法落实“感受神话故事中神奇的想象和鲜明的人物形象”这一阅读目标。而且，神话教学是否适合有感情朗读，是否适合结合生活体验理解，都值得商榷。

这种常见的课例有几个问题引人深思：

神话故事教学怎样感悟主人公的精神或情感？

神话故事教学是否适合有感情地朗读？

神话故事教学有没有一条基本路径？

二、教学预设：从神性到神圣性的升华

神话是先民认识自然、思考宇宙、解释生命的思维创作，它的口语化、故事性与神奇大胆的想象，是整个上古文化的根源。朱大可教授说：“神话中所包含的信仰、伦理、宇宙模式、想象力和叙事方式，都是那个时代最伟大的精神结晶，更是民族文化精神的核心。”

神话源于浪漫主义的想象，是虚构，不是写实，主人公是神，不

是人。这是首先需要明确的；在改编成课文后，又承担着不同的阅读任务。教材在单元导语中就明确了读写目标：了解故事的起因、经过、结果，学习把握文章的主要内容；感受神话中神奇的想象和鲜明的人物形象；展开想象，写一个故事。

概括一下，可知神话故事本质特点在于神奇，即主人公为神，女娲、普罗米修斯都属于英雄神，但神身上所寄寓的精神却是属于人的，是一种高尚的人格。

也就是说，这些中西神话中的神既有超越了人，进而神通广大的一面，又有局限于人，尚且无能为力的一面，神性与人性共存。但恰恰是这有所限制的人性，使他们的神性上升到了神圣性的高度。通俗点说，孙悟空神通广大，可以一个跟头十万八千里，转眼之间取回真经，但只有护着唐僧，历经九九八十一难，才能由妖猴修炼成斗战胜佛。

因此，在教学中，不能将神视作人来理解，而要源自神，经过人，再到神，才能更好地理解这种英雄神的文本。

对于学生来说，阅读理解的第一印象、第一要务当然是神奇，这也是学生最感兴趣的地方，不妨从鲜明的体裁特点入手：找出文中你觉得神奇的地方，并说说为什么觉得它神。

女娲可求助雨神灭火，找到五彩石用神火冶炼，最终把天补好；普罗米修斯可以到太阳神那里取火，被宙斯下令绑缚悬崖、鹫鹰啄食肝脏而不死……都神奇极了。在这里，神超越了人，具备某种神力，可以完成人不可能完成的任务，承受人不可能承受的惩罚。这些，学生会很轻松地理解，而认识神“属人”的一面则需教师着力引导。

师：大家充分感受到了神话之神，这源自人们神奇的想象。那么，你还能让这个神更神吗？试着补充或改一改课文的某些情节。

生：女娲飞到山上一看，五彩石少得可怜。她站在那里，大喊一声：五彩石……只见许多五彩石就自己滚了过来。有的大，有的小，有的圆，有的方，很快聚集到女娲面前。

师：真够神奇的！那作者为什么不这样写呢？比如，孙悟空神通广大吧，一个跟头十万八千里，不就可以直接把经取来吗？作者偏偏让他陪着师父一步一步走到西天，还要历经九九八十一难。

生：这样才显得心诚吧？

生：要是那样取经也太轻松了吧？

师：对啊，同学们，神之所以还有像人的地方，正是因为这样才能表现他们身上的精神。比如忠诚、牺牲、奉献、博爱，等等。那下面我们就找一找，文中哪些地方，为了突出女娲的精神，写出了她补天的不容易。

学生默读全文，发现她要冒着生命危险，要四处寻找，要炼上五天五夜……有这些人性化的地方，才能感受到女娲对人类慈母般的爱。这样，无所不能的神因有所不能反而凸显了其神圣性。

至于普罗米修斯，同样，若无受罚情节，他仅是个为人类盗火的勇士；反之，才是个伟大的英雄。宙斯决定给他“最严厉的处罚”，这个处罚并不是处死，而是限制自由，制造磨难，是蕴含着灵与肉的双重苦难。代处罚者由自然界的日晒雨淋，到鹫鹰的啄食肝脏，由外而内、周而复始的痛苦是生不如死的。但普罗米修斯拒不认错，坚持为人类谋福，表现出的正是一个人类创造者的父亲形象。故事中被缚、流血的意象，与十字架上的耶稣高度吻合——为救世人而奉献牺牲。若他一直是个无所不能的神，如何体现这种奉献呢？

三、教学理想：从课文到课程的构建

课文只是出发点，应该借由这一文本把学生引向广阔的阅读海洋。大多教师都有这样的意识，但只在课尾推荐《中国古代神话故事》和

《古希腊神话》，想当然地认为学生课下会去阅读。实际上只有个别学生翻翻，收效甚微。

要由神话课文开发出神话课程，需要找到探究点，激发起学生的阅读兴趣，才会有真正的阅读发生。

比如，课文中写女娲补天的起因像是一场自然灾害，而在《淮南子·览冥训》写得却更为可怕：四极倾废，九州破裂，烈火飞燃，猛兽噬人，大雨滂沱，洪水涝荡，人民水深火热，于是女娲熔炼五色巨石补缀苍天以制止天漏，斩断鳌足和诛杀黑龙以镇压水怪，又堆积芦灰以堵堙洪水。这一切混乱的末日景象又是哪来的呢？原来竟然是水神共工氏和火神祝融氏在不周山大战，结果共工氏因为大败而怒撞不周山。

引出这个原因后，再推荐阅读《共工怒触不周山》，进而推荐《中国古代神话故事》整本书阅读。通过趣味阅读题，引导学生阅读后开一个神话故事会：

这本书中，男神和女神分别有多少位？

与自然现象有关的神都有谁？

为人类做出贡献的神有哪几个？

哪个神的功劳最大，为什么？

哪些神话故事已经成为成语，意思又是什么？

让学生在这样的阅读中，初步感受到上古神话深层结构的一致性，那就是道德高标，神即圣贤。另外，在中国古人思维里，神与人没有严格区分，神人之间存在相续关系。

《普罗米修斯》一课后，可介绍神话中真正的结尾：为了满足宙斯的条件，赫拉克勒斯把半人半马的喀戎作为替身留在悬崖上。喀戎虽然可以要求永生，但为了解救普罗米修斯，同时为解除九头蛇毒的痛苦，甘愿献出自己的生命，与普罗米修斯交换。后来喀戎被宙斯升上天空，成为手持弓箭的人马座。从而激发学生阅读与研究的兴趣，并尝试进行比较阅读。

《古希腊神话》中的神与我们中国古代神话的神可大不一样，阅读后完成这些题目：

古希腊的神住在哪里？（A. 天上　B. 高山上　C. 和人一起）

古希腊的神的长相怎样？（A. 和人一样　B. 半人半兽）

古希腊的神的性格怎样？（A. 无欲无求　B. 也有七情六欲）

古希腊的神的主宰是谁？（A. 宙斯　B. 佛祖　C. 上帝　D. 玉皇大帝）

古希腊的神与人的关系如何？（A. 至高无上　B. 伟大　C. 平等）

你最喜欢或最不喜欢哪个神，为什么？

古希腊的神与我们中国古代的神有哪些相同与不同？各拿出一个神来进行比较。

如此，才能真正激发学生去进行探究性阅读，由神话课文走向神话课程。

■ 探索教学策略

在教材已有基础上，发掘具有个人属性的教学价值，对教材有所补充和超越，将是新时代所倡导的教育新样态。

小学语文教育中的知识教学

蔡　可

语文课程涉及语音、文字、词汇、语法、修辞、文体、文学等丰富的知识内容。同时,《义务教育语文课程标准(2011年版)》指出,知识的教学“不能脱离语文运用的实际去进行‘系统’的讲授和操练”。近年来，语文学科核心素养概念的提出，以及之前对课标的一些误解，似乎让一线老师不再敢讲知识，但其实，没有任何素养、能力的形成是不依托于知识的。不少人忽略了课标对知识教学其实是有要求的，既列出了如语法修辞等知识要点，也明确提出“在教学中应根据语文运用的实际需要，从所遇到的具体语言实例出发进行指导和点拨”。2017年全国颁行的统编语文教材“努力重建中小学的语文核心素养的体系”，通过单元导语、思考题和各栏目要求以及教师用书，体现内在的知识体系，这与课标的要求也是一脉相承的。语文教育需要语文知识，只是教育的目的不再将知识作为终点，而是借助知识，养成学生的学科核心素养，体现学生在真实的语言运用情境中反映出来的语言能力及其品质。

然而，什么样的语文知识最基础、最有价值；语文知识与语文实践的关系又是什么，怎样针对义务教育学生的特点，寻求适宜、有效的语文知识运用途径……还是有不少需要正视的难题。例如，语法作为交流系统的制约规则之总集，教学的背后需要有其作为学理支撑。

但如何把这些规则讲出来，并让学生能懂，还能举一反三，则需要下大功夫。各家语法理论，各有各的体系，很多时候是抽象的学理论争，较难应用到教学之中，比如如何分词类、如何确定句子成分等。在教学中，对语文教师来说，了解一些基本的语文知识是很有帮助的，知道什么是语言系统的单位，汉语中有哪些常见的现象，才可能在教学中融会贯通，真正培养学生的语文素养。小学课文，常见的语法修辞格（比喻、拟人、夸张、排比、对偶、反复、设问、反问）几乎随处可见，小学语文教师不可能也不应该熟视无睹；小学生也会注意到这些现象，提出问题，教师更不应该回避。这里从语法修辞、标点符号、成语等小学阶段常见的语文知识出发，结合教学实例，提出自己的一些看法。

一、结合典型的语用现象学习语法修辞

语法决定所说的话或者写的句子是否符合基本规则，不符合，则是错误的，不能接受的；修辞就是说话或者写文章是否得体。两方面都有基本的规则。课标指出这些知识的教学应“根据语文运用的实际需要”，怎样才能结合实际进行语文知识的教学？“实际”是一个关键点。什么是语文的实际？也就是各种会运用到语言文字的典型场景，它遍布于课堂、家庭和社会生活之中，做个有心人，就不用刻意去寻找。比如，课堂上用到的课文，作为成篇的材料，必然涉及语言组织的规则以及语文知识的运用，教师在教学中就可以借典型的语用现象来点明其中的语文知识点，并结合课文的整体来探讨该特定语文知识点在整个文章表现中起到的作用。社会生活则是语文更大的用武之地。学生要与人交往，而且往往是独立地去跟别人交往，在这些交往过程中，就要用到语文，如何让自己的讲述变得生动，如何让自己的论辩更为

有力，等等，都会涉及一些重要的语文知识点，还有社会上各种报刊、电视、网络等传媒信息，这些丰富的语文生活都是语文知识的外在表现形式，意识到了这一点，就意识到了语文知识教学的“实际”所在。

语文关乎具体应用，对于任何一个熟练的普通话者来说，知道怎样运用是对的，怎样是不对的，也就是有语感。一旦能提取、概括自己的语感，推导出规则，那就是一个有自觉意识的语用者；如果能把自己的这些提取与概括传给学生，那就是一个优秀的语文教育者。有了这个基本目的，其实是有很多途径可以利用的，比如，不一定从概念出发讲词类的分别，但通过对对子的训练，让学生感受到不同类别的词；做替换练习，在某个位置上换不同的词语，体会更换之后的差异，实现对不同词语用法的把握；做转换练习，发现一个句型和其他句型的关联与区别，等等。这些途径来自语文实践，来自我们在课堂上的灵活处理。

有位教师执教老舍的作品《母鸡》，在一个具体的知识点“关联词”方面，她是这样设计的：

《母鸡》一文有一段内容是这样的：“不论是在院里，还是在院外，它总是挺着脖儿，表示出世界上并没有可怕的东西。”学生通过读后理解，能感受到母鸡的勇敢，它对儿女们的保护是时时刻刻的。

在这个基础上，老师问学生：“在这句话中哪些词最能让我们感受到母鸡的这种勇敢精神呢？”学生通过自己读去感受，大部分学生都能找出来，是“不论”和“总是”。

然后，老师再让学生看句子，感受一下这两个词，如果在句子中把其中一个去掉，句子会怎么样。很多学生都感觉到，去掉了一个之后，句子不通顺，句意也不清楚。于是老师便告诉学生，它们是一组关联词语，要同时使用才行。

之后让学生感受这组关联词应该怎样读，是要读轻些，还是读重些，才能表达出情感，学生都感觉是要读得较重一些；接着让学生连续把这句话读了两遍，在读中感受母鸡勇敢的品质，在读中感受这组关联词的意思以及在句中所起的作用。最后让学生用关联词说句子，进行实践运用。

从典型语用出发，而不是从语文知识出发，这是结合实际进行语文知识教学的核心要义。这位教师要讲“关联词”，她的教学过程首先是让学生把握整段话语的基本意义，体会到这段话语要传递的情感意义，有了这一体会作为前提，后面的教学就有了基础。这个时候，再请学生找出是哪些词最能突出话语的情感意义。自然引发学生注意这段话语组织的特点,学生成功地指出其中的关联词“不论”和“总是”。

这里，这位教师并没有直接甩出陌生的术语“关联词”，而是仍然以直接的材料作为引子，很巧妙地采用了一种引入方式：“把其中的一个去掉，句子会怎么样？”这其实是一种对比法，通过对关联词语的增删来体会话语意义上的变化。这样，学生就可以自己通过实践体会到关联词语的功能和使用规则，而他们对通过自己的思考体悟到的知识，印象是很深的。这个时候，点出“关联词”这一核心概念，时机才是恰到好处的，因为学生已经通过自己的一系列思考与实践走到了这一步，但更高一层的提升仍需教师点拨。这几步看似平常，其实清楚地体现了这位教师对如何结合实际进行语文教学的良好把握。

回到实际中去，是巩固语文知识的必由之路。语文是一门应用性极强的学科,语文知识提炼自实践,最终也要应用到实践。正所谓,“纸上得来终觉浅，绝知此事要躬行”。因此，在点出关联词的知识点后，教师又让学生通过重读去巩固刚才的体会，而且还进一步让学生根据自己的理解来造句子。这样,语文知识就真正落实到实践中了。当然，落实到实践中还可以有更多的方式，不仅仅是造句这一条通用途径，比如，还可以鼓励学生在阅读课外作品的时候找找类似的关联词，以及在日常对话中发现此类关联词的合理运用甚至错误运用，大家一起讨论，等等。语文知识作为信息传递中的节点，一方面，通过信息接受（理解、体会）来发现语文知识的功能，另一方面，也要通过信息表达（写作、交流）来发挥其功能。这样，才算是相得益彰，而不是将语文知识孤立起来谈，显得干瘪、无趣。

课标在附录中有语法修辞知识要点，可以结合类似的教学实际渗透这些知识，也可以在单元、学期末进行总结梳理，但不必孤立地去讲授这些“知识”概念。在这个过程中，如何引导学生“亲历”典型语用现象始终是第一位的。

二、从语境出发学习标点符号

标点符号与汉字一样，是汉语普通话书面语的必要组成部分，在书面语表达中起着十分重要的作用，在教学中自然是必要部分。像汉字的学习一样，标点符号的学习也是个循序渐进的过程。但标点符号的学习又有其独特之处。汉字教学时，主要依据两方面，一方面是汉字体系的结构顺序，从简单的基础字开始，另一方面是儿童认知心理的特点。根据这两方面来考虑如何将口语形式与汉字联系，从而让学生掌握汉字的形、音、义和用法。标点符号教学时则要考虑到它们很大程度上是与书面语结合，在口语中没有直接匹配的语音形式。如果要找标点符号在口语中的对应物，主要是与停顿、延长、轻重、升降等语调相关。因此，给小学生讲授标点符号时的出发点和落脚点都跟汉字教学有很大不同。

跟汉字相比，标点符号的数量有限，但使用频率非常高。为此，课标对最常用的八个标点符号做了要求，而且有按学段逐步推进的细致安排，这是很有指导意义的。其中，强调要结合阅读和习作教学，认识标点符号和体会其功能，而不是把标点符号单独提出来，让学生死记硬背，这充分遵循了先理解后实践的理念。具体的细节可以概括如下：第一学段，“认识课文中出现的常用标点符号。在阅读中体会句号、问号、感叹号所表达的不同语气”，“根据表达的需要，学习使用逗号、句号、问号、感叹号”；第二学段，“在理解语句的过程中，体会句号与逗号的不同用法，了解冒号、引号的一般用法”，“根据表达的需要，正确使用冒号、引号等标点符号”；第三学段，“在理解课文的过程中，体会顿号与逗号、分号与句号的不同用法”，“根据表达需要，正确使用常用的标点符号”。可见，小学阶段最常用的八个标点符号和教学顺序都很明确，即第一学段：逗号、句号、问号、感叹号。第二学段：冒号、引号。第三学段：顿号、分号。小学阶段依次掌握这八个标点符号是最基本的要求，因为这也就满足了这一阶段阅读和书面表达时的需要，这与在此阶段只需要掌握部分常用字的道理一样。

标点符号在书面表达中主要起两种作用，一是分隔，二是表达语气。所有的标点符号都必须在可停顿的地方标示。比如：“我是中国人，喜欢喝热水。”不能标成：“我是中国，人，喜欢喝，热水。”在口语中，我们可以借助停顿——停顿还分长短——来帮助我们更清楚地组织语言。听话者通过说话者的停顿来帮助理解语句内容的组合。这是十分重要的。在现代标点符号出现之前的古文表达中，如何停顿是不明确的，因此，阅读时，句读就成了一项十分重要的工作。直到今天，考查对某段文言文理解的重要形式就是点断和标点。也就是说，知道句子在什么地方停顿，对句子的理解也就差不多了。换句话说，教标点符号，不仅要教标点符号的功能，还要结合起来教如何分隔表达的内容，写一段话，哪些地方要停顿，哪些地方要大停顿，一方面要教给学生，另一方面要让学生体会。学生明白了停顿，就知道该在什么地方用标点符号了，这时候再结合标点符号的不同作用进行学习，掌握标点符号的用法就有了基础。比如，逗号是小停顿，句号是大停顿。明白了这一点，就会明白在不该停顿的地方标点就是错误地使用标点符号，因为这会引起读者的错误理解；也可以明白标点符号使用的灵活性，在一个很小的自然段内“一逗到底”并不一定是多么严重的问题，因为大停顿、小停顿的区分并没有绝对标准。

标点符号另一项重要功能就是表示语气。一般来说，有四大类型的语气，即陈述、疑问、感叹、祈使。对应到标点符号上，陈述句用句号，疑问句用问号，感叹句用感叹号，祈使句也用感叹号。会使用这些标点符号，首先要明白以上四大类型语气的分别。这些语气在口语中是通过不同的语调表现出来的，因此，可以先让学生感受这些语调的区别，当对这些语调和语气有了认知基础之后，再教学生在书面表达时这些不同语气对应的不同标点。

标点符号不止以上八个，但有了这八个作为基础，学生在教师的提示下，通过语境理解新的标点符号的功能就不是很难的事情了。

三、成语的教学需要基础研究

一般都认为成语是中国语言文化的精华，在语文教学中必不可少。但在实际教学中，如何进行成语教学，却又缺乏章法，比如，小学阶段要教哪些成语？哪些先教，哪些后教？一个成语要教到什么程度，其来源、结构、字面义、比喻义是不是都要涵盖到？如何检测成语的掌握情况？这些都是令一线教师头疼的问题。这些问题归根结底在于对成语教学在语文教学中的地位和作用缺乏系统科学的研究。

如果想要对小学阶段的成语教学有良好的把握，首先要了解哪些成语是小学生应该掌握的。这个问题可以参考识字写字教学。要想对识字写字教学有良好的把握，自然要综合考虑不同汉字的分布特点、儿童的认知特点、汉字的体系特点等，随着课改的深入，识字写字的研究逐渐科学化，经历了从集中识字到识写分开，从常用字到基础积累字等的重要转变，逐渐总结出从受教育者出发，指向实际运用能力的切实提高这一思路。成语教学在这方面的认识才刚刚开始，缺少相关的研究积累，在课标中，只是在第一学段提到了“积累自己喜欢的成语和格言警句”。也就是说，对成语教学还没有明确的指导，只是从兴趣出发。随着科学研究的推进，语文教学需要推出成语教学的参考词表。结合成语在各类语料（尤其是与儿童生活密切相关的类型）中出现的频率，再考虑该成语涉及的汉字与识字表的配合，以及字面义和比喻义的差异等方面，可以综合得出科学的小学生成语表，为循序渐进的成语教学提供良好的参考。在这个成语表研制出来之前，一线教师也可以根据这些原则，自己来把握哪些成语适合教给小学生，可以教到什么程度等，比如，“狼奔豕突”就不宜让小学生掌握，但“鸡飞狗跳”就可以。课改这些年的经验发现，一线教师只有更新了教学理念，教学实践才不会呆板僵化，学生也才能真正提高语文能力。

如果对成语的使用和功能略加观察，可以发现其在口语中用得较少，但在书面语中相对多见。小学生开始比较大量的阅读和写话习作练习一般是在中、高年段，因此，在第一学段只要求小学生对成语有兴趣即可。统编语文教材一年级安排了识字表、写字表，二年级上册安排了词语表（涉及部分成语），都没有专门安排成语表，可见，不需要提前对学生做过深的要求。在写话和习作时要加强对成语恰当使用的引导，而不要简单强调要用多少个成语。可以适当引导学生比较使用成语表达和不使用成语表达的区别，让学生意识到成语使用和书面语以及典雅性之间的关联即可。

在如何教成语方面，有不少的资料，包括提醒教师注意分析字面义与比喻义的差距，考虑成语与古诗、文言文在字词意义和用法上的关系，注意一些成语来源的故事性，体会成语工整对仗的节奏等特点，在成语教学中都是很有益处的；也有不少资料分析小学生学习成语时的各种常见偏误，如望文生义等。这些都值得重视和借鉴，教师可以根据自己的实际教学情况加以利用。

在成语教学评价时，一定要注意其考查的合理性，因为评价系统很多时候起到导向作用。现在很多考试中，成语是必考的内容，但考哪些成语，为什么考这些成语，怎么考，成语怎样有机地与语境结合，也常常缺乏章法，给一线教师的教学造成困扰。这就要求评价者对小学成语教学有一个良好的把握，系统科学地研究成语在小学教学中的问题，形成相应对策并落实。

语文学习从知识本位走向学科素养，“以培养学生自主学习能力为主的原则进行教学”，结合语用引导学生展开语文学习活动，在解决语言文字问题的过程中习得知识、积累语言、培养语感、提升素养。

将思维引向高处

闫　学

近年来，针对课堂教学中学生高阶思维能力的培养已经引起越来越多的重视，在国际学生评估项目（PISA）中，也从不同的维度和以更为清晰的板块，呈现出这样的指向和信号：对学生高阶思维能力的测查与评估。但纵观我国当前的阅读教学实践，某些现象却堪忧：一些看似热热闹闹的课堂，其实并没有启迪学生真正地思考；在小手如林、积极发言的背后，可能学生的思维水平始终停留在浅层与低阶，并没有在学习中得到应有的提升。长期以来，我们总是喜欢热闹喧哗的课堂，见不得课堂中学生思考、沉默的状态；我们一味地喜欢听课堂上的欢声笑语，看到学生思索的沉重就接受不了。当我们对这些课堂进行认真审视，就会发现，这样的课堂教学不仅导致了教学的低效，而且浪费了学生宝贵的时间，错过了学生思维发展的最佳时期，是非常可惜的。

那么，在具体的课堂教学实践中，如何启迪学生真正的思考，培养学生的高阶思维能力呢？

一、激发批判性质疑反思，培养高阶思维

批判性质疑反思既是一种能力，也是一种意识。在阅读教学中，

如果能够重视学生批判性质疑反思能力的培养，其实就是在培养学生的高阶思维。但批判性质疑反思能力不同于一般性的提出问题、讨论问题，而是要求师生提出、讨论有一定思考价值、思考深度与广度，以及有一定思维含量的问题，也就是“真问题”。只有“真问题”的提出与讨论，才能有效地提升学生的高阶思维水平。

那么，怎样帮助学生提出“真问题”，讨论“真问题”呢？

很重要的一点是，教师不是信息的直接给予者，也不是信息的唯一阐释者，我们应该给予学生更多的机会和空间，帮助他们获取信息、阐释信息，最终自主达成对信息的意义建构。只有树立这样的教学观与学习观，学生才可能提出“真问题”，讨论“真问题”。美国课程论专家小威廉姆·E. 多尔认为，“作为教师我们不能，的确不能，直接传递信息；相反，当我们帮助他人在他们和我们的思维成果以及我们和其他人的思维成果之间进行协调之时，我们的教学行为才发生作用”。多尔认为，这也是杜威为什么将教学视为交互作用的过程，而这里的“交互作用”强调的即是教师与学生、学生与学生之间思维成果的“协调”，以及师生思维成果与教材所呈现信息之间的“协调”而产生的作用。因此，在教学中应该注意两个方面：

一方面，帮助学生在阅读中呈现思维成果，在此基础上实现自我激发，提出和讨论“真问题”；另一方面，教师要善于激发学生，建立师生思维成果的充分对话，提出和讨论“真问题”。例如，教学《盘古开天地》一文，教师引导学生通过一些高阶问题的提出和讨论，深化学生对中国古代神话故事的认识，并在这个过程中展现自己的思考：你认为人类为什么要想象盘古开天地这样的神话故事？宇宙混沌之初，盘古是怎么来的呢？盘古开辟了天地，又是谁创造了盘古呢？还有那把斧头（苏教版教材中还加了一把凿子），又是怎么来的呢？若是有人放在这里的，这个人又是谁呢？如果是“这个人”把斧头放在了盘古身边，又是谁创造了“这个人”呢？依此推想下去，似乎没有了止境。但正是这些高阶问题的提出和讨论，学生才会认识到：口口相传的神话故事也有它本身的逻辑漏洞，但恰恰反映了创世神话的特点——通过自由的大胆的想象回答原初的提问，而不去过多地考虑这种想象本身的严密性。神话毕竟是神话，它不论多么神奇，都是基于人类的想象，因而也就有了自身的局限。这样一来，就达成了主要教学目标：一是要使学生认识神话这种文学体裁，领略故事中所表现出的丰富的想象力；二是要通过引导学生阅读盘古开天地的故事，激发阅读神话故事的兴趣；三是要通过阅读这类创世神话，引发学生关于宇宙和人类自身的初步思考。而这些问题的提出和讨论过程，就是高阶思维的培养过程；这些教学目标的达成，则是高阶思维的必然结果。

二、提升阅读品位，培养高阶思维

有观点认为，小学语文阅读教学要力求“简单”，只需要学生读懂课文，掌握字词句段的基本用法即可，不需要有更多、更高的要求，认为提升阅读品位不适用于小学阶段的阅读教学。其实，在教学中重视提升小学生的阅读品位，培养审美的眼光，这既是培养学生高阶思维的过程，也是提升学生高阶思维水平的策略，尤其是在教学小学语文教材中的一些经典文本时，如果能抓住经典文本材料中的核心元素展开教学，就可以有效地提升阅读品位，从而培养学生的高阶思维。

意大利文学家伊塔洛·卡尔维诺曾经这样阐述经典作品的多层次审美可能：

呈现在我们眼前的世界现实是多样的、多刺的，而且层层相叠。就像朝鲜蓟。对我们而言，在一部文学作品中，重要的是可以不断将它剥开，像是一颗永远剥不完的朝鲜蓟，在阅读当中发现愈来愈多新层面。

卡尔维诺给经典作品赋予了十分形象的有趣的比喻：一颗剥不完的朝鲜蓟。在阅读中不断发现新层面，这是经典作品的重要特征，但新层面的发现却基于高阶思维。

例如，在教学苏轼的《饮湖上初晴后雨》这首诗时，学生在教师的帮助下可以感受到这首经典诗歌多层次的美：画面美、节奏美、意境美、情感美等，但还有没有更新的层面呢？当我们层层剥开这首诗的美好层面，就看到了其经典内核：那就是苏轼把西湖比作西施的表现手法。这种手法究竟有何神奇之处呢？我们来细细分析：西施是春秋越国有名的美女，世人皆知其美，但又无人有幸见识其美。这种“无缘”就营造了一个无限的想象空间：人们可以任意想象西施之美，沉鱼落雁，闭月羞花，肤如凝脂，仪态万方……人们尽可把万千美好词语加于西施一身。苏轼把西湖比作西施，正是抓住了人们对西施无尽的美好想象，拟作西湖之美，从而使西湖之美也具备了无限的想象空间，那种美也正如西施之美一样，不可言传，不可描摹——若要描摹，则不论“淡妆浓抹”，那也是“总相宜”的。在教学中，我们可以抓住这个经典内核，引导学生尝试把西湖之美比作其他意象，如彩云、明月、花朵之类，并与苏轼把西湖比作西施进行比较，从而明白：彩云、明月之美可观可赏，花朵之美除可观可赏之外亦可触摸、装饰、把玩，而西施之美只可想象，不可观不可赏，更不可触摸、装饰与把玩，从而明白，苏轼给读者营造的这种想象空间表现的正是一种美学上的无言之美——它比任何华美、繁复的意象描摹都更高明。

这个鉴赏讨论的着力点在于指向学生阅读品位的提升，正是在这样的过程中，学生的高阶思维逐渐形成。

三、丰富阅读维度，培养高阶思维

莫提默·J. 艾德勒和查尔斯·范多伦在《如何阅读一本书》中多次提到，“一个好的读者也是自我要求很高的读者”，虽然如何判断某一个读者是不是范多伦所说“一个好的读者”，有很多不同的评价维度和评判标准，但这个“读者”一定是“自我要求很高的读者”，比如阅读一个文本，尤其是经典文本，绝不是只有一个层面，而是会有多个层面（正如卡尔维诺所说的“朝鲜蓟”）；也绝不是只有一个维度，而是会有多个维度。

例如，在带领学生阅读《临死前的严监生》时，学生从严监生临死前从被单里伸出的两个手指头，还有那三次摇头，那因为多点了一茎灯草而迟迟不肯咽气的极具讽刺性的画面，深深感受到了严监生这个爱财如命的超级吝啬鬼的形象。但当我们在学生面前打开一个窗口，引导学生阅读《儒林外史》中关于严监生的章节时，就会发现，“吝啬”“爱财”只是严监生这个人物形象的一个维度；当我们细读严监生对两位舅爷的话，细读严监生在得知妻子王氏生前悄悄遗留了五百两银子时的表现，细读严监生意识到自己不久于人世时对妻子赵氏和小儿子命运的担忧，再结合大学者金克木先生与严监生的“隔空对话”，就会发现，其实严监生也是一个重情义的人，也关心自己的儿子，希望自己的儿子有出息，摆脱一生受气的命运。从这个意义上说，他也是一个可怜的小人物。了解了这些，严监生临死前不肯放下的那两个手指头，那斤斤计较的一茎灯草，都具有了一种悲剧性的色彩。

学生在这样的阅读中，就对严监生这个人物形象有了新的理解：不仅感受到了严监生“吝啬”“爱财”的一面，而且感受到了这个人物形象的复杂性，看到了人物形象的多个维度。这样，学生就会提升自己的文学鉴赏水平，认识到经典的人物形象绝不是单一的，他一定是多个面向的。这种从更加丰富、立体的维度解读文本、解读文本中人物形象的思维方法，就是一种高阶思维。

四、倡导群文、群书阅读，培养高阶思维

毋庸置疑，探索群文阅读与群书阅读的多种范式，是提升学生高阶阅读能力和高阶思维水平的重要路径。例如，在当下的小学语文教学实践中，不少优秀教师正在探索通过对同主题的群文、群书阅读，同作者的群文、群书阅读，同题材的群文、群书阅读，以及同体裁的群文、群书阅读等，以帮助学生提高阅读能力，培养高阶思维。

例如，学生在不同年段先后阅读了《女娲补天》《夸父追日》《盘古开天》等一系列中国古代神话传说之后，可以在小学高年段将这些文本集中起来进行一番深度阅读和讨论。学生就会发现，这些中国古代神话传说其实都有一个共同点，那就是基于“天问”。在远古时代，由于人类知识的匮乏，人类对于风云雷电、四季变换等自然现象无法解释，因而常怀敬畏之心，做出各种猜测和设想，包括人类对自身的认识，也有很多困惑和局限。于是，关于这些自然现象、宇宙启蒙和人类起源的神话传说应运而生：盘古高举斧头，承担了开辟鸿蒙的重任；夸父迈开长腿，开始了一场在中华大地上追逐光明的悲壮长跑；女娲则在人类遭受突如其来的灾难时，挺身而出，拯救人类于水火之中……这样的群文阅读，帮助学生加深了对中国古代神话传说这类文本的认识，培养了学生的高阶思维。

不仅群文阅读可以起到这样的作用，群书阅读也是如此。林语堂先生有一个观点：

学问是每每互相关联的，一人找到一种有趣味的书，必定由一问题而引起其他问题，由看一本书而不能不去找相关联的十几种书，如

此循序渐进，自然可以升堂入室，研究既久，门径自熟，或是发现问题，发明新义，更可触类旁通，广求博引，以证己说，如此一步一步地深入，自可成名。

林语堂先生所说的其实就是群书阅读。不论是否可以“成名”，群书阅读的好处却是显而易见的：发现问题、发明新义、触类旁通、广求博引、以证己说……而这些都是读者高阶阅读能力的体现，也是呈现、进入高阶思维的过程。在教学实践中，我们应该千方百计引导学生进行群书阅读，可以是围绕一个主题，或是围绕一个作者，也可以是围绕一个题材、一种体裁，以此展开群书阅读。这样一来，学生阅读的过程就变成了高阶思维的培养过程。我认为，这不仅是提升小学生高阶阅读能力的基本路径，也是今后小学语文阅读教学研究的重要方向。

深度学习理论框架下的语感培养

何　捷

布鲁姆在1956年发表的《教育目标分类学》中关于认知维度层次的划分就已经蕴含了“学习有深浅层次之分”的观点。布鲁姆的认知领域学习目标分类对应的是“记忆、理解、应用、分析、评价、创造”六个层次。浅层学习，只在“记忆”“理解”这两个层次，深度学习则对应着其他四个层次。后来，基于学生阅读试验的结果，1976年由美国学者首次提出深度学习的概念。浅层学习是一种较低的认知水平，是低级认知技能的获得，仅仅涉及低阶思维活动；深度学习处于高级认知水平，面向高级知识技能的获得，涉及高阶思维。深度学习可以描述为：基于理解的学习，是学习者以高阶思维发展和实际问题解决为目标，以整合的知识为内容，积极主动，批判地学习新知识和思想，并将其融入原有的认知结果中，且能将已有知识迁移到新的情境中的学习。深度学习涉及学习者高水平的思维、综合加工、多层抽象思维、分散思维、创造性思维、批判性思维，仰仗学习者良好的学习习惯以及程序性知识的记忆。

基于深度学习理论，观照“语感”这一课程改革中的关键词。我们发现，在不同的认识和不同的层面下，“语感”有着不同的内涵。叶圣陶先生说：“语言文字的训练，我以为最要紧的就是训练语感，就是对语言文字的敏锐感觉。”叶先生的语感更多倾向“语言训练”，要通过“经常留心自己的语言，经常揣摩人家口头说的笔下写的语言，哪是好的对的，都仔细辨别，这样可以提高语言的敏感。”王尚文先生的语感中的“语”和叶圣陶的“语”不同属，王先生更多指向“言语”，他认为的语感是一种“言语能力”。他对语感的定义是：“一种在思维并未直接参与作用的言语能力，在言语实践中起着无法替代的极其重要的作用。”李海林先生的语感观也指向“言语”。他在《言语教学论》中提出“语文即言语”的观点，强调言语及其内部机制决定了语文教学的整体性质和特征。几位学者对语感的界定一度在语文教学界引发高度的关注，掀起讨论的热潮。一时间，语感以及语感教学成为热门话题，几乎成为语文的代名词。但是，几家观点中的语感，都给激情过后的一线教师带来混沌含糊感：究竟什么是语感？语感对于我们的语文教学实践有什么指导意义？各家提出的普泛、笼统的语感，能否经得起实践的检验？我们发现，这样的提法还处于名家们经验与直觉的浅层阶段，并未涉及语感学习的深水区。在诸多思考者中，福建师范大学潘新和教授借鉴和考证了前人的研究，在大量一线教师的实践基础上提出了清晰有力的三类型语感观。潘先生在其专著《语文，人的确证》一书中，将前人笼统含糊的“语感”进行区分，在深度学习理论框架下，提出语感的三个逐层深入的类型：基础语感，体式语感，语境语感。其中，基础语感对应的是日常交际中的语言，停留在“知道”“理解”的层面，属于浅层学习中的语感。体式语感对应着对文体特征的把握，对文章图式的认知和构建，既涵盖了基础语感，又有所发展。语境语感则指向语言表现的“暗示含义”，是真正实现语用效能的语感培养。后二者在语感发展与培养中，属于深度学习的目标与预期达到的结果。季羡林先生认为词汇有三重功能，能表达三重意义：一是表示功能，表示义，字面之义；二是指示功能，指示义，引申之义；三是暗示功能，暗示义，领会义。这三重功能正与潘新和教授提出的三类语感培养一一对应。基础语感对应“表示功能”，体式语感对应“指示功能”，语境语感对应“暗示功能”。三阶段培养，就是不断将语感学习引向深度，达到深层学习效果的路径。

一、语言语感：基础语感

瑞士语言学家索绪尔对语言做出如下界定：语言以许多储存于每个人脑子的印记的形式存在于集体中，有点像把同样的词典分发给每个人使用。所以语言是每个人都有的东西，同时对任何人又都是共同的，而且是储存于人的意志之外。法国符号学家巴尔特说：与作为制度和系统的语言相比，言语基本上是一种个人的选择与行为。构成言语的首先是说话者赖以运用语言规则表达其个人的思想的组合，而正是由于语言主要是一种组合，与其相对应的才是个人行为，而不是纯粹的创新。由此，潘新和教授提出“语言语感”是基础语感，是一切言语活动的前提。他指出：言语是语言的运用，语言是言语的基础，没有语言的储备，就没有言语的表现。语言解决的是“用什么”，言语解决的是“怎么用”。

从深度学习理论看，基础语感正是语感的浅层学习阶段，也是不容忽视的打基础阶段。对于基础语感的培养，重在落实《义务教育语文课程标准（2011 年版）》中不断强调的“积累”。在听、说、读、写的语言实践中，尽可能积累丰富的词汇、句式，接触并体验各种不同类型的语言表达形式，感受不同语言呈现方式带来的各类表达效果，储备于心，留下印象。这一阶段的语感培养意图就是让儿童感受到“原来，语言表达是这个样子，语言表达这样有趣”，让儿童产生“我也能表达，我也愿意表达”的言说欲望。潘先生认为基础语感较弱的人，他的体式语感和语境语感也强不到哪里去。一般而言，作者的词汇量大小，对语言的感觉与其作品的质量是相称的：例如根据美国 Global Language Monitor（全球语言监测机构）报道，莎士比亚作品中出现的词汇量是 24000 个，他创造的词汇是 1700 个。因此，潘教授主张，基础语感要在教学中予以扎实奠基。

这一阶段的学习与培养，我们要牢记一个“多”字。多留心，多倾听，多阅读，多积累，多运用。留心地倾听，专注地阅读，才能让倾听与阅读变得有效，才能转化为表达时的自如运用。关于倾听与阅读，我已在发表的《倾听，打开阅读一扇窗》《小学生阅读纵贯线》等文章中叙述清楚，本文重点阐述“积累”。我们特别强调以背默经典的方式加强积累。“五四”时期的大先生们，无一例外，都有私塾的底子，背默的功夫是一流的，这也成为他们屹立于学术之林，以深厚学养享誉海内外的支柱。《义务教育语文课程标准（2011 年版）》中明确了语文学科的性质——实践性，确立了培养“语用”能力为语文学科教学的核心任务。如何运用语言文字表情达意，就要通过反复多次的实践。要达到自如运用的程度，要体现语言文字运用的水平，就要在实践方法和实践的频数上下功夫，特别要注重提升实践活动的品质。背默，就是优质的实践活动。原因有三：其一，背默的都是经典作品，经典中带有的值得传承的言语表达方式、状态、结果是人类文化的瑰宝，是最佳的语言实践样本。特别是课文中的片段、篇章是规范的语言表达模范。儿童学习语言，规范为第一要义，先学会走得扎实，再学会走花步，这是常识。规范的语言如何根植儿童言语发展的温床？就要通过反复背默，形成较为固定的、稳定的、恒常的语言图式。背默让儿童沉入经典，反复与经典相遇，不断切磋琢磨，品读玩味。其二，背默过程就是语感形成的过程。语感，是一种习惯性的、外显的语言表现，其实质是语言的品质，是语言表达技巧的体现，也是一种语言状态的综合呈现。背默过程中，儿童势必反复接触规范的语言，在多次重复中潜移默化地接近作者的表达意图，趋于作者的言说习惯，学习借鉴作者的语言运用技巧，不断模仿作者的语言呈现方式。最终，转化为优质的语感。背默的量积累到一定程度，引发的质变将更为快速和高质。这也就是“腹有诗书气自华”的奥秘所在。其三，背默是语文素养提升必经的淬炼。反复背默，以求精准，这就是一种记忆力的训练，是学习意志力的磨炼，是学习品质的培养。儿童缺乏的就是这样的刻苦精神。越是不善于背默的孩童，越要加强这方面的训练。积累，若是停留在抄抄词语、写写句子、看看本子上，不经历背默这样的阵痛，就仿佛没有经历九九八十一难，无法取得真经一般，是空虚的。而注重积累，正是《义务教育语文课程标准（2011 年版）》中关于语文素养形成的最传统、最有效的方法。

儿童具备了基础语感后，就能在日常交际中保持应对，能在读写实践中变得更加从容，提高表达的正确性和准确性，为体式语感和语境语感的深度学习做好准备。

二、体式语感：语体语感

潘新和教授界定的体式语感，也叫语体语感，指的是对某种特定文体的全部表现形式的规范领悟与把握，包括文体构成因素中的主题、材料、结构、语言等。在言语认知与创造中贯穿于阅读与表现行为的全过程。体式语感的形成，即人对文章图示的认知与构建，它已经包括了基础语感，是语感培养与学习的深度推进。体式语感能产生较高效能的语用水平，作用于更为个性化的言语活动。

不可否认，体式语感的培养长期以来被应试化的教育所异化、误识。以儿童写作教学为例，所谓的记叙文、说明文、议论文，在真实的交际语境中是不存在的，它们只是为应付考试需要而专门设立的“应试练习”，在生活中的各种文体中可能都含有记叙性文字、说明性文字、议论性文字，但没有这三类文体。许多教师在尝试做文体指导时发现不同体式文体的“既定因素”极大阻碍了儿童的自由表达，所以逐渐放弃文体教学，最终简化成“小学写好记叙文、说明文，中学写好议论文、散文”的粗浅认识。但这一现状已经造成了对儿童读写思维的严重遮蔽，妨碍了儿童对“文体”的认知。他们学了“议论文三要素”（论点、论据、论证）后，以为议论文有这三要素就可以了，以为议论文要先有论点，然后根据论点去选择论据进行论证，做到“观点与材料的统一”，这就完全违背了辩证思维的规律。真实的议论思维恰恰相反，是从搜集材料开始的，论点是从材料中产生的，材料与观点不是直接的对等，而是矛盾的统一。文体意识的空白将使写作教学滑向漫无目标的任意与散漫，无助于儿童写作能力提升，也给中小学写作教学的衔接带来困惑。

然而，对于文体的关注与研究并不是新鲜事。周作人先生早在1912年的《童话略论》与《童话研究》中就提出儿童文学最重要的文体是“童话”。1920年，周作人又在“儿童的文学宣言”中确立了明确的儿童文学文体观，并针对儿童的不同年龄特征给出对应的文体形式，即诗歌、寓言、童话、传说、天然故事、写实故事、戏曲。英国教师安东尼·海恩斯在其《作文教学的100个绝招》中按照英文字母顺序表罗列出了数百种文体，如：广告词，编写字谜，小故事，通知，申请，章程，使用说明，自传和传记，书信，歌谣，日志，简介，解说词，挑战书，声明，贺信，序言，报纸头条，新闻，标题新闻，访谈实录，笑话，创意歌词，启事，订单，座右铭，计划，请愿书，开场白，谚语，推荐信，清单，剧本，梗概，短信，调查……这些与现实生活息息相关、具有真实可感的生活情境的文体，如一汪清泉，给语感培养带来了生命的跃动。当我们在教学中引导儿童了解文体的要求并且尝试动笔按照范式练习时，相信其心中会有神奇的使命感，能呼唤起写作目标中最重要的“读者意识”。

从教学实际出发，文体特征就是该文体最为明显的、相对稳定的表达方式与呈现风格，也可以看作是作家在创作文本时的刻意强调。因此，体式语感的培养就要指向文章的表达手法、题材选择、结构安排、语言体式、行款格式，涉及文章创作的更为深层的元素，如时代精神、民族传统、作家风格、交际境域、读者经验等。不同特征的文体教学，意味着不同体式特征的语感培养，要采用适切的教法，要注重引领儿童通过阅读发现、熟悉、把握特征，对特征形成初步的认识、感受，建立图式。

三、语境语感：个性语感

与言语表现深层内容联系在一起的是语境语感。相比“基础语感”和“体式语感”而言，语境语感更为注重言语表达时的情境，更具有个性化色彩，是个体语感品质的最为直接体现，因此也称为“个性语感”。对语境语感的培养，处于语感学习与培养的深度学习层面。深度学习面向的是高级知识技能的获得，涉及高阶思维。在不同的语境中，每一次言说都是个体言语的全新体验与尝试，具有极高的独创性和个性化，符合深度学习的特征。况且，在不同语境中，个体能否将表达的意思转化为最为贴切的言语内容，采用最为恰当的言语形式，这都仰仗于言说个体的语感发展水平，也就是基础语感和体式语感的发展水平。优秀的语境语感综合体现为能结合具体情境，能调动思维对言说内容进行整合、加工、调配、选择，借用在基础语感和体式语感发展中形成言说的技巧，积极主动地应对不同情境，将要表达的意思转化为最佳的语言表达出来。这不也正是语文素养的最佳表现形式么?

潘新和教授提出的三类语感，就是由浅入深的语感深度学习的层级划分。潘教授坦言：基础语感关注语义，是语言能力的基础；体式语感倾向于言语，是指向语用范畴的语感培养。但二者依然是知识本位视域下的“语感”，无法进入实际运用。只有将二者和语境语感并重培养，才是能力本位视界下的语感认知。在实际的交流活动中，“会说话”正是评判语感优劣的标准，语境语感就是个体语感实际水平的最佳表现。结合教学培养语境语感，我们可以在阅读与写作上下功夫。阅读教学，不要停留在就词解词、单纯析词解义、生硬理解内容情感的层面，可以引导儿童结合语言环境，领会言语表达的言外之意、境外之义，感受表达中的机智与技巧，产生每个独立读者的阅读感悟。在写作上，让儿童具有明晰的文体意识，将写作融入交际的情境中，让儿童带着“任务”写，写成的文字才能解决交际交往中出现的问题。

基础语感、体式语感、语境语感是由浅入深的层级递进，是语感培养由浅性学习向深度学习的推演、发展、螺旋上升的过程。潘新和教授在实践与理论研究的厚实基础上去弊存真，为一线教学提出了这样的三类语感培养体系，确实为构建健全、科学的儿童语感做出了贡献。

对语文主题单元阅读的教学思考

张学青

我曾在成都给“五升六”的学生上了一节主题单元阅读课“那个年代”,选用文本是作家梅子涵给儿童写的两篇小说《麻雀》和《押送》。《麻雀》讲述的是1958年全民运动轰赶、消灭麻雀的故事;《押送》讲述的是1966年“文化大革命”期间，四个红卫兵押送一位小学校长回老家的故事。“那个年代”尽管不太遥远，学生的阅读理解却并不容易。然而，因为主题阅读的综合设计，学生进入的状态让老师们惊讶。课后对话时，有老师说，这堂课让他们看到了主题阅读课的光亮，一堂主题阅读课应该而且可以是这个样子的。

的确，这堂课融入了我对主题单元阅读的一些思考。

一、学生需要拓展性的主题阅读吗

目前，小学生用的语文教材，基本上是以单元主题进行编排的。那么，在教材之外，教师是否还需要实施拓展性的主题阅读？或者说，拓展性的主题阅读与教材的阅读，有着怎样的差别使得拓展阅读成为一种必要？

教材的主题单元编选，虽然有一定的主题，但主题往往是隐性的、含糊的或者是粗线条的“大主题”。同一单元的几篇选文，有时甚至是不搭界的。以苏教版小学语文第十册教材第五单元为例，这个单元安排了四篇课文，分别是映子的《爱如茉莉》、孙友田的《月光启蒙》、萧红的《我和祖父的园子》，还有一篇《谈礼貌》。如果说前几篇还可以归在散文这一大类里，那么最后一篇《谈礼貌》在这个单元里，就跟主题离得很远。

即便教材单元里的文章关联性很强，但在具体实施教学的过程中，教师往往进行的是单篇精读，重视单篇教材教学点的挖掘。传统的精读课，打个比方说，就是凿井取水，着力于深打井，多出水，人人取一瓢饮；而主题单元阅读，则更重视篇与篇之间的路径关联，着力于开一条贯通的河道，福荫大地。

由此可见，主题单元的整体阅读教学，不仅仅是精读模式的一种补充，更重要的是这种阅读模式，改变了教师的教学方式和学生的学习方式。

二、主题阅读的主要优势在哪里

著有《阅读的力量》一书的美国著名语言学家克拉申，毕生致力于第二语言获得的研究。克拉申提出了一种特别高效的语言输入方式，就是所谓“狭窄的输入（Narrow input）”，包括窄听和窄读。它指的是对有限题材进行大数量的输入（即持续阅读同一作者或同一类别的文章），然后逐渐扩大阅读范围。这种语言输入模式，很好地利用了“同主题”和“反复”所形成的对背景知识、内容的熟知以及基本词汇重叠的优势，从而使输入很大限度地“可理解化”。

克拉申认为这种“狭窄的输入”，可以克服泛读中因背景知识陌生而造成阅读过于肤浅的现象，也弥补了精读输入量少的不足。

克拉申的这一观点，对于母语阅读教学尤其是文学阅读而言，是有启发性的。一个时代，一种主题，乃至于一个作家，都有自己独特的体系和语言密码。在一段时间里，集中阅读一个人的作品或者同一主题的作品，可以很好地帮助学生熟悉作品的故事和背景，熟悉话语方式，从而提升阅读的效率。

此外，主题单元阅读相比整本书阅读而言，弹性空间大，阅读与交流活动相对灵活，可以随机进入课堂。

三、主题阅读的文本应该如何选择与架构

当前，儿童阅读素养的培养越来越受到重视，主题阅读进入了老师们的研究视线，主题阅读课程内容的建设也应运而生，出现了不少畅销的主题阅读读本。作为教材以外的侧重于语文学科的主题单元的架构要突出两点：一是从儿童的精神发展和生命体验出发，体现文学读本的养育功能；二是同一主题下的几篇选文，要有内在关联，能为儿童理解主题提供一种整体的、比较的、思辨的视角。

主题单元在文本的选择与组织上，需要独到的眼光。例如，《我的母语课》（以下引用案例均选自该套读本）6B 的诗歌单元《苍蝇》的编选，单元导语选用了林文月先生的散文《苍蝇与我》中的文字。一组文本分别选用了小林一茶的《苍蝇》、穆旦的《苍蝇》、顾城的《家蝇的妙计》以及威廉·布莱克的《蝇》。这组文本的关联度，不仅仅在于写的都是苍蝇，重要的是它们内在的一致性：按照习惯，人们眼中的苍蝇是肮脏可厌的，要驱逐拍打的。而在这组文本中，小林一茶呼吁人们“不要打”，穆旦眼中的苍蝇是“好奇”而“快乐”的，顾城笔下的“苍蝇”是有智谋的，布莱克更是把自己等同于一只苍蝇。这组诗歌文本跟几千年前庄子的“齐物论”也是不谋而合的，而且这样的诗歌，反抗习惯，能很好地帮助人们恢复对生活的新鲜感，带着

生机去看眼前的一草一木，一鱼一虫。

还有一些作家，譬如黎达、比安基、泰戈尔、王尔德、列那尔、张爱玲、鲍吉尔·原野等教材外的优秀作家，若以专题单元的方式呈现，对于学生接触作家思想、文学表达和语言个性是非常有意义的。

四、主题阅读实施过程中需要注意些什么

（一）实施主题阅读的三条原则

（1）要以主题贯串为特色，选择合适的切入口进行单元整合。

一个单元的主题阅读文本有多个，在阅读教学的展开过程中，教师最难摆脱的是传统的精读模式的影响，把主题单元阅读，演绎成一篇加一篇，再加一篇，每一篇都拎出一个或多个教学点进行阅读，整个单元凑在一起，就是“散兵游勇”，并不具备集团型的“战斗力”。

在主题单元阅读中，课堂结构设计特别重要。一个好的结构能达到“撒豆成兵”的效果。好的结构，必然来自文本间关联点的链接。如何寻找到文本间的关联点呢？

一是从文本主题的“文眼”出发，将“文眼”变成“学眼”，变成“课眼”，让主题中的关键词成为“牵一发而动全身”的切口。比如，“那个年代”中《麻雀》与《押送》，两个故事的关联点在哪里呢？仔细阅读故事，不难发现，两个故事中都出现了“疯子”的说法——从“疯子”这个关键词出发，引发学生对这两个文本进行思考：他们为什么要做出这样的事？过程中有哪些不可思议的地方？这样的事件会产生（或者可能产生）怎样的结果？学生通过阅读文本，对“疯子”的疯狂做出自己的思考：不可理解的“疯狂”；可以理解的“疯狂”；如何才能不“疯狂”……这样的主题聚焦，给学生带来的思考和震撼，是不言而喻的。

二是以文本的结构或语言形式作为贯串单元的线索进行整合。比

如，6A 的“列那尔动物小品”单元，以寻找作者的写作秘诀——“拟人”与“物化”为切入口，通过阅读一组文章，发现列那尔动物小品文的特点：列那尔的自然记事，多写动物，写动物又着重写各种动物一瞬间的特殊情态：静止时凝重，动作时又极其神速地变幻。自然记事，比较高的境界，便是“物我两忘”。这组文章是怎样抵达这种境界的呢？一方面是“拟人”，学生通过阅读不难发现，在列那尔的笔下，动物穿上人的衣服，具有人的样子，说着人的话语，有着人的心思，采取人的行动；另一方面是“物化”，即将人化为动物，化为草木，化为山石……

另外，特别需要引起注意的是，切忌为了“主题”的需要，对文本进行牵强附会的曲解和逢迎，以免伤害文本本身的要义。

（2）要以自主阅读为基础，重视协作互动中的主题分享。

很显然，主题单元阅读因为单位课时中阅读文本数量的增加，课堂阅读容量成倍增加，学生需要在课前对单元内的文本进行自主的独立阅读。如果缺了学生的自主阅读这一环节，课堂教学容易变成主题观念的“图解”而显得呆板与凝滞。因而，主题单元阅读更适用于具有一定独立阅读经验的中高年段的学生。

为了更好地进行主题分享，主题阅读可以适当借鉴“文学圈”的阅读教学模式。比如，学生以小组的方式展开学习活动时，可以根据需要自由组合小组；单元主题内的文本，学生可以根据兴趣自主选择重点篇目，展开讨论；讨论时能对组内成员的意见和观点做出反馈……这种“文学圈”的阅读模式，学生可以在互动中拓展、交流语文经验和生活经验，增强阅读的感受力与理解力。

（3）要以文学教育为路径，发挥教师的作用，确保主题阅读的文学品性。

主题阅读单元的文本，以文学作品为主，必然要以文学教育为路径。文学阅读的最佳境界，是让学生“喜欢读并且读了以后觉得喜欢”。要喜欢读，前提是愿意去读。事实上，越是经典作品，可能离学生的生活经验、语文经验越远，学生或许越不会主动去阅读，越不能自然喜欢。

如何发挥教师的作用，使主题阅读的文学品性得到进一步保证呢？王荣生老师提出教师导读的三大路径：当学生难以进入文本时，教师就得站在作品后面，用他们喜欢的话题去“引一引”；当学生自己能读，但难以读出好处来时，教师就得站在作品与学生之间“带一带”，即与学生一起分享阅读体验，学生可以借助教师的“眼力”看出作品的好来；此外，还有“教一教”，即站在学生的边上，像教练一样，指点学生应该看作品的这个地方，应该这样看，应该看出这些东西来，使学生提高“眼力”。

此外，文学教育不能忽略两个要点：一是重视读者反馈。要让学生充分说出自己的感受与体验，重视他们的情感状态和思维状态，唤起他们的经验、经历、记忆和想象：“你喜欢看老照片吗？”“你当时是怎么想的？”“假如是你，会采取怎样的行动？”“你想象出的故事是怎样的情形？”二是重视文学细节。美国小说家、文学批评家纳博科夫在他的《文学讲稿》里提出：“在我的教学生涯中，我设法向学生们提供学的准确信息：关于细节，细节如此这般地组合是怎样产生情感的火花的，没有了它们，一本书就没有了生命。”

（二）实施主题阅读的三大阅读策略

读者完成阅读理解，往往是多种阅读策略共同参与的结果。对主题单元阅读而言，以下阅读策略可谓是阅读理解的“必备良器”。

（1）统整。

“统整”，即通过一定的线索，将文本中的知识和重要细节（事实）通过某个话题进行整合，从而帮助学生形成完整的认知，提升洞察力。

多个文本，要使之成为一个整体而不是零散的细节与资讯，必须要通过一定的线索进行归纳与梳理。比如，3A 单元的“中国四大民间传说”，这四个民间传说，都是凄美的爱情故事。教师可以提供表格，让学生对故事的情节进行统整练习。

运用这个策略时，课堂呈现出的是学生独立的、静默的、持久的学习状态。课堂看起来“冷场”了，然而却珍贵——它所呈现出来的恰恰是学生的“真”学习。其实，我们每个人都要学会有效地结构整理“碎片化”的信息，否则，再多的信息也只是一种堆砌，甚至是一种灾难。

另外，统整策略可以与视觉化策略结合运用，图表、线段等可视化信息，如表 4-1，可以对人的大脑产生强大的冲击，学生也比较喜欢。

表 4-1　中国四大民间传说信息可视化表

故事	男主人公	女主人公	阻挠人	经受的磨难	结局
牛郎织女					
孟姜女					
白娘子					
梁山伯与祝英台					

（2）比较。

“比较”，百度百科的解释是，根据一定标准，在两种或两种以上有某种联系的事物间，辨别高下、异同。比较是确定事物之间相同点和相异点的思维方法，它为客观全面地认识事物提供了一条重要途径。

传统的语文阅读课堂里，也经常会用到这种阅读策略。如在品味词句时对比着感受，在朗读时变换着不同的语气体会感情色彩。而主题单元阅读中的“比较”，可以做得更加大气，更加开放。如，6A 单元的“长城长”，用统整策略填写后，重要的是比较“不同人眼中的长城”的差别，从而有自己的发现：同一长城，不同见解和观点，彼此并不矛盾；每个作者都有自己写长城的角度；好的作家不仅仅需要具有出色的文字运用能力，更重要的是洞察力——不停留在对事物的流行见解和表面看法上，而是深入内部去发掘事物。（见表 4–2）

表 4–2 “长城长”信息可视化表

不同人眼中的长城	用关键词概括	我的发现
歌谣中的长城		
毛姆眼中的长城		
鲁迅眼中的长城		
葛剑雄眼中的长城		

（3）联结。

联结是相当重要的阅读策略。几乎所有的阅读理解，都离不开联结。在指导学生利用联结的策略时，教师的任务是通过话题设计帮助学生顺利地完成各类联结，以使新知更快、更好地同化到学生已有的认知结构中。这些联结包括文中的联结、和另一文本的联结、已知事物和新资讯的联结、和生活的联结、和世界的联结等。比如，4B 单元的“李白看山”，让学生尝试解读李白诗歌中的“意象”之旨趣时，就要让学生学习进行联结：下面的事物让你想到了什么？诗人通过这些事物想表达怎样的心意？

如表 4–3 所示，中“云”与“山”，“青林”与“松风”，学生可以通过不同文本之间的联结，发现李白的寄寓；而对“桃花”的解读，可以通过与“菜花”“牡丹”的比较，发现桃花的特点——但要理解到位，就还得与陶渊明笔下的“桃花源”联结，体会像李白那样的读书人理想的生活之地：与世隔绝，民风淳朴，安居乐业，无忧无虑……

表 4–3 “李白看山”信息可视化表

事物	特点	寓意
山		
鸟		
云		
桃花		
青林　松风		

此外，主题单元阅读课的课型，也可以是多元的。以主题贯串，打通篇章关联是一种；重点讲一篇，其余的让学生自学，在贯通点上进行学习迁移也是一种。但不管哪一种，体现“单元阅读”的整体思维应该成为努力的方向。

基于统编教材的群文阅读课程探索

崔　峦

一、群文阅读从哪里来

过去，我们从事群文阅读研究有一个明确的目标，即实现《义务教育语文课程标准（2011年版）》的三维目标。如今，这个目标由实现三维目标向提高核心素养、语文学科素养转变。

对于核心素养，学术界已有许多解读。我认为，义务教育阶段的学生的核心素养有三个维度。一是健康的身心，即“育体”。身体要健康，心理也要健康，这是一个人的本钱。二是关键的能力，即“育智”。这是一个人安身立命的本领。三是良好的品格，即“育德”。这是一个人的灵魂。人一旦有了本钱、本领、灵魂，这个人就具备了比较高的核心素养。

在“核心素养”这一概念下有各门学科的学科素养。对于小学阶段的语文学科，其学科素养包括以下五个方面。

一是塑造学生的人格雏形。在小学阶段，教师不可能使学生的人生观、价值观、世界观定型，因为学生还处在成长的阶段，但是教师可以对其进行人格雏形的培养，包括热爱家乡、热爱祖国等。小学阶段，我认为学生的主要责任就是好好学习，并培育优良的品德、品质。人格雏形的塑造，一个很重要的方面就是良好习惯的养成。

二是夯实学生听、说、读、写、书的基础。书，指书写、写字。一个小学毕业生，要做到“六个一”：有一定的识字量和词汇量；有一副好口才；能读懂一篇文章甚至一本书；养成每一天都阅读的好习惯；能写一篇内容具体、感情真实、文从字顺的文章；能写一手好字。

三是提升学生的阅读素养。阅读非常重要，它是教育的核心。无论是在掌握好各门知识，还是在获得精神发展上，无论是在丰厚一个人的文化、文学、语言的积淀，还是在开阔其视野，丰富其阅历、见识上，阅读都起着至关重要的作用。因此，开展群文阅读，对于提升学生的阅读素养无疑是有很大的促进作用的。小学语文教师，一方面要借助教材教好语文，做学生学习语文的引路人；另一方面也要带领学生阅读课外书，做儿童阅读的点灯人。这是教师义不容辞的责任。教师从学生一年级开始，就要着力培养学生广泛的阅读兴趣及良好的阅读习惯，使其做到好读书、读好书、读整本书，最终养成天天阅读的好习惯。

四是培养学生自主学习的能力和独立思考的能力。

五是增加学生的文化积淀，培养学生的审美情趣。

我认为，群文阅读再出发，一定要以培养学生的核心素养，提升学生的语文素养作为出发点和归宿。

致力群文阅读，肯定要有所追求，即实现阅读教学的增量提质。在教学中，我们可以发现，单篇阅读如果教不好的话，费时多而收效微。群文阅读则是从改变阅读内容的组织结构和阅读教学的形态开始，撬动阅读教学，撬动整个语文教学改革。

致力群文阅读，旨在实现单篇教读和群文阅读的一体化。统编教材总主编温儒敏教授提出，希望把单篇教读、群文阅读和读整本书贯通起来，打通它们之间的壁垒。教读，要精；群读，要扶；读整本书，要放。把在教读中学到的知识、方法、能力运用到群文阅读的过程中，运用到读整本书的过程中，做到能力迁移，最终养成每天阅读的良好习惯。

致力群文阅读，希望能服务学生的语文学习和语文生活。群文阅读是最接近阅读常态的阅读，是学生学习与生活最有效的阅读方式。比如，写文章之前进行广泛阅读收集的海量素材，就是群文；外出旅游，要做一个计划，需要搜集各方面的资料信息，这也是群文。所以，群文阅读是最有助于解决实际问题，最能锻炼思维（比如比较、分析、综合、概括）、培养思维的阅读方式。源于目标的达成，基于阅读教学的问题，出于改革的需要，基于学生的学习和生活，群文阅读应运而生。

二、群文阅读已经走到了哪里

经过几年的研究与实践，群文阅读已经成为具有全国影响力的研究课题，对于阅读教学、语文教学乃至课程改革做出了自己的贡献。

一是改变了阅读教学的格局。以往，阅读教学多是单篇教读、单篇讲读，教材中尽管有一些略读课文，但老师们还是习惯用讲读的办法去教。虽然出现过一些有价值的教学经验，比如，北京的霍懋征老师创造的“一篇带多篇”，但是这些经验并没有引起广泛的重视。语文教学这么多年走了这样一段路：由单篇讲读到实现了一篇带一篇或一篇带多篇，再到今天，许多地方、许多学校开展的群文阅读。在全国，群文阅读不再是星星之火，而已形成燎原之势，已经成为推动语文教学改革的一支重要力量。

二是改变了课上读得少的状况。温儒敏教授说，中小学阅读教学最大的问题是书读得少。这不仅指课外读得少，而且指课上学生的阅读字数少、阅读遍数少。过去传统的教学模式，两三个课时才教完一篇短文或者一首诗，而群文阅读一个课时就要求读一群文章、一组诗词。这大大增加了学生课内的阅读量，量的增加才有可能导致质的提升。

三是提高了阅读的速度和效率。在群文阅读中，阅读量的增加，再加以速读、浏览、猜读、跳读、寻读等阅读方法的有效掌握和灵活运用，便能大大提高阅读的速度。我国正在计划新一轮的从幼儿教育到高等教育的改革，比如今后的中高考，各门学科都将大幅度地增加卷面的字数、阅读材料的字数。如果阅读速度慢，答卷的速度就会慢，甚至可能会做不完，这必然影响到考试的成绩。阅读速度是阅读教学要培养的一个指标，速读的能力是我们要培养的一种阅读技能。群文阅读不仅增加了阅读的量，而且还扩大了阅读的面。老师们上的群文阅读课，所读文本不仅有文学的，还有科普的。今后，阅读素材涉及的面应更宽泛，这样才能满足学习、生活的需要，才能符合今后中高考的要求。今后中高考的导向，是最大限度地考查学生广泛阅读的水平，包括知识的宽度、广度。这不仅适用于语文，还适用于数学、英语等学科。今后的中高考知识跨度会非常大，可能会考到小学学的知识。今天读到的群文，今天练就的阅读能力，说不定将来在中高考中会助学生一臂之力。所以，不训练学生读群文，不引导学生读整本书，拓宽阅读面，学生将来是要吃大亏的。

四是发展了学生的思维。发展语言，发展思维，是语文教学的两个基本任务。群文阅读中儿童诗的阅读、现代诗的阅读、古诗词的阅读，学生读诗歌、想画面，能激发具体形象思维，发展学生的想象力。群文阅读在整合阅读中，锻炼了学生思维的全面性；在梳理结构中，锻炼了学生思维的条理性。有的教师运用思维导图、结构路线图等，引导学生梳理文本的结构，这是培养思维条理性的有效途径。在群文阅读中，教师要鼓励学生发表个人的感受、见解和评价。一方面培养学生分析、比较、抽象、概括、整合、建构的能力，另一方面也锻炼学生思维的深刻性。所以，群文阅读，不仅能有效提高学生的阅读速度、阅读理解力，而且能使学生的头脑变得越来越灵活，能够有效地提高他们筛选、辨识、提取、加工、整合、运用信息的能力，提出问题并解决问题的能力。所以，我们可以理直气壮地说，群文阅读有效地提高了学生的阅读速度和阅读理解力，促进了阅读教学、语文教学的改革，为语文课程改革做出了实实在在的贡献。

三、群文阅读往哪里去

群文阅读要朝着建构群文阅读课程的方向去努力。群文阅读要走的下一段路是建构群文阅读课程，并且要把群文阅读课程自觉地融入整个语文课程当中。

首先，要明确群文阅读的定位。

群文阅读是语文阅读课程的重要组成部分。它的特质是整合的、结构化的阅读，是群文比较阅读。群文阅读教学追求的是自主性、探究性、创新性。群文阅读的一般教学流程，是通过比较阅读整合信息，进而实现意义建构。所以教师在对群文阅读进行设计的时候，一定要十分明确这一次群文阅读教学要的是什么，即目标一定要明确。只有这样，才能实现有意义的建构。布鲁姆说，有效的教学始于准确地知道希望达到的目标是什么。教师所期望的学生的变化，便是教学的目标。

群文阅读是单篇教读和整本书阅读之间的桥梁和纽带。一头是单篇教读，一头是整本书阅读，而群文阅读恰在中间起着桥梁和纽带的作用。群文阅读的过程，是以话题或者线索为抓手，在教师的引导下，自主地比较阅读的过程；是小组合作探究、解决问题的过程；是师生对群文比较辨析、求同寻异、整合建构的过程。群文阅读对于掌握比较阅读的方法策略，提升学生的阅读理解力，对于在比较阅读中培养学生提取、筛选、加工、运用信息的能力，对于读中学写，促进学生习作能力的提高，都有着十分重要的作用。

其次，要进行基于统编教材的群文阅读课程的探索。

基于统编教材，组文成群的思路要多样化。要明确主题、议题、训练点，也就是要明确群文教学的重点是什么，这是组文成群的核心。在明确了主题、议题、训练点的基础上，组文成群的思路可以多种多样。比如，组文成群可以是人文主题的，可以是“人文主题＋语文要素”双主题的，可以是文体主题的，可以是作家主题的，可以是指向阅读方法、策略的，可以是引导学生怎样读、怎样写某一类文章的，还可以是“群媒”阅读的。比如，群文阅读“武松打虎”，可以听评书，读文本，看京剧，演山东快书。课堂上，文本、音频、视频一一呈现，这就是一种“群媒”的阅读。总之，组文成群可以多种多样，教学模式不一，鼓励不断创新。

基于统编教材，可以由群文教学到群文课程，进行课程改革的探索。一是可以在统编教材的框架内进行“1+X”的教学。统编教材中的文章都是一组一组呈现的，里面既有精读课文，又有略读课文。教师就可以利用一篇精读课文来教读，其他课文组织成为一组群文作为“X”来进行群文阅读。“1+X”这是基本的群文组织的架构，符合温儒敏教授倡导的“1+X”阅读教学的模式。二是可以根据组文成群的需要，对统编教材里面的文章进行增、删、调、换。即用教材里的文章，加上自选的文章，组成群文来阅读。三是可以自行组织群文。依据年段目标，以教材中的语文要素为线索，自行组织一组或两组进行群文教学。四是可以借助教材中的单篇，拓展到读群文、读整本书。比如，原人教版里有一篇《冬阳·童年·骆驼队》，这是林海音《城南旧事》

这部小说的后记。有的老师这样组织一个单元，教读《冬阳·童年·骆驼队》，再从《城南旧事》里摘选几个片段进行群文阅读，然后引领学生读《城南旧事》这本书。这种方式就比较自然地把单篇教读、群文阅读、读整本书结合了起来，达到阅读增量提质的目的。总之，进行群文阅读课程的探索，有很多办法，有供教师施展的更广阔的天地。希望大家齐心协力，共同建构以统编教材为基础的，能够和单篇教读，和整本书阅读牵起手来的，能把阅读和表达能力的培养结合起来的，教师拿来就能用的群文阅读课程设计和教材，研发具有群文阅读课程特色的语文辅助教材。

最后，发掘群文阅读更大的阅读空间。

群文阅读能够发掘更大的阅读空间，这个空间从哪里来？这个时间从哪里来？语文课时有限，这就要从减少教读课文，减少烦琐内容的分析，提高教读课文的教学效率里要空间、要时间，从重新设计阅读课程里面要空间、要时间。我们不能只做加法，不做减法。语文课程改革的出路，一个是整合，一个是跨界。单篇教读依然是基础，是阅读教学的压舱石。因为一些语文知识，比如，汉字的知识、词法、句法、语法、修辞、文章写法，等等，这些知识如果教师不教，只靠学生自己学习，是学不通的；因为一些阅读技能的掌握，特别是精读，还包括略读、浏览、跳读、猜读、寻读等，教师不指导，学生是练不到位的；因为比较强的阅读能力，比如，理解词句的能力、分析段篇的能力、提取信息的能力、整体把握的能力、对文本进行解释的能力、对文本进行评价的能力，教师不以经典的单篇为例进行指导，让学生知其然并且得其能，而只让学生自己去摸索的话，学生是难以练就读懂一篇文章的本领的。还有一些实用的作文能力，比如，观察事物的能力，展开丰富想象的能力，扎实描摹事物的能力，基本布局谋篇的能力，用文字表达自己的感受、想法、观点的能力。若教师不以单篇课文为例，让学生从读学写、读中悟写，做到读写结合，而只靠每个学期的八篇习作训练，学生的习作能力是难以达到课标的要求的。比如，扎实的描摹事物的能力，这是小学中年段要重点培养的能力。为什么在教材里安排这么多写景、状物、记事、写人的文章？目的就是训练学生描摹事物的基本功。正如曹文轩教授所说，少年写作文，实际是对自己描摹状态的基本功的锻炼。这有点像学美术，第一步要先练习素描。如果上述这些知识、能力，不靠单篇讲读教学，完全靠群文阅读乃至是读整本书，是不能完全实现的。

总之，群文阅读再出发，关键要找准自己的位置，要将其提高到课程的层面去研究、去实践，要和国家课程、国家教材进行深度融合。还是那句话，群文阅读要和单篇教读、和读整本书阅读拉起手来，要和口头表达、书面表达的训练结合起来，探索具有群文阅读特色的大阅读课程，这将是对深化语文课程教材改革的一个新贡献。

群文阅读再出发，为了进一步提升学生的阅读素养，为了构建一流的母语教育体系。

朗读教学的价值取向与实践策略

王崧舟

若非董卿的《朗读者》火了，作为基础阅读的朗读教学大概还会蛰伏在语文的乡间，默默无闻。

《朗读者》是央视推出的文化情感类节目，以个人成长、情感体验、背景故事与传世佳作相结合的方式，选用精美的文字，用真实的情感读出文字背后的价值，从而达到感染人、鼓舞人、影响人的化育之功。

随着《朗读者》的热播热议，人们对朗读、朗读文本、朗读技巧、朗读教学、朗读课程建设等重新开始了审视和思考：朗读的目的和意义究竟是什么？朗读者的身份与对象必须契合才能打动听者吗？朗读真的不需要什么技巧吗？朗读教学的着力点究竟应该如何定位？不同题材、不同体裁的作品在朗读指导上应如何把握风格和尺度？朗读教学对语文教师的朗读素养提出了哪些要求呢？……

以下，我们从朗读教学的价值取向和实践策略两个维度，就上述问题做出相应的思考和表达。

一、“为读而读”与“为人而读”：朗读教学的价值取向

价值思考是朗读教学的核心问题。《朗读者》的栏目宗旨，无疑给

我们的朗读教学带来了深刻的价值启示。其实，作为节目的《朗读者》已经通过栏目名称揭示了节目的宗旨。显然，栏目真正关切的不是“朗读”，而是“朗读者”。从人出发，借由朗读这座桥梁，重新确证人，这是《朗读者》成功的最高秘诀，也应该成为朗读教学的最终目的。

（一）重构课标关于朗读的学段目标

很遗憾，我们在课标的“总体目标和内容”中没有发现对“朗读”的目标界定。在各学段的目标中，课标大体上是按照一般要求和特殊要求的思路来界定“朗读”目标和内容的。（见表 4–4）

表 4–4　课标中关于朗读的学段目标

学段	一般要求	特殊要求
第一学段	学习用普通话正确、流利、有感情地朗读课文。	诵读儿歌、儿童诗和浅近的古诗，展开想象，获得初步的情感体验，感受语言的优美。
第二学段	用普通话正确、流利、有感情地朗读课文。	诵读优秀诗文，注意在诵读过程中体验情感，展开想象，领悟诗文大意。
第三学段	能用普通话正确、流利、有感情地朗读课文。	诵读优秀诗文，注意通过语调、韵律、节奏等体味作品的内容和情感。

由表 4–4 可以看出，课标对于朗读的目标界定具有以下特点：

第一，朗读属于“阅读”的目标和内容范畴。因此，我们不能狭隘地理解“朗读”要求，必须将“朗读”置于整个阅读语境和情境中加以把握。这一点，恰恰是《朗读者》获得成功的重要原因。

第二，朗读是有层阶的。从学段的纵向延伸看，由“学习朗读”到“朗读”再到“能朗读”，我们看到了朗读作为能力习惯的渐次更新；从每个学段的横向延伸看，由“正确朗读”到“流利朗读”再到“有感情朗读”，我们也看到了朗读作为技巧品质的不断提升。

第三，但是上述有关朗读层阶的表述，却有只见技巧不见人的嫌疑。因此，我们必须进一步关注课标关于朗读的特殊要求。虽然三个学段关于朗读的特殊要求同样有着内容、内涵上的层阶变化，但我们似乎更应该眷注的是它们对于朗读意图、朗读目的、朗读态度、朗读情感、朗读意义和价值的界说，即由“朗读”（一般要求）向“朗读者”（特殊要求）的转化。

第四，明白了这一点，我们就应该将课标中对朗读的“一般要求”和“特殊要求”联系起来加以理解。如同前述第一点所言，“朗读”必须和“阅读”联系起来，融入一个更大的意义背景和审美语境，才有确证其存在的意义和价值。当我们将“一般要求”（朗读技巧）和“特殊要求”（朗读意义）联系起来解读，就能真正切入朗读教学的终极旨归——为人而读。

（二）建构朗读教学的价值取向体系

朗读教学既要着眼于朗读知识、朗读方法、朗读技巧等手段性目标，更要着力于朗读兴趣、朗读意愿、朗读情感、朗读人格等本体性目的，并始终不忘通过手段性目标的达成进而实现本体性目的这一终极旨归。

①激活朗读意愿。在朗读教学中，语文教师要做的首要功夫不是针对学生读出什么语气、什么节奏、什么感情的指导点拨，而是激活学生为什么想读、为什么要读、为什么去读的朗读意愿，即唤醒学生由“要我朗读”转向“我要朗读”。朗读意愿的萌生，一方面来自文本内容的感召：或由于情感真挚，动人心魄；或由于人物生动，品格高远；或由于道理深刻，启人思索；或由于事件新颖，情节曲折……另一方面则来自朗读意图的驱使：学了《去年的树》，我要分享那种明亮的忧伤、平淡的深情；学了《游子吟》，我要抒发自己无法报答春晖一般母爱的愧疚之情；学了《桃花心木》，我要传递如何直面不确定生活、如何应对各种生活考验的人生智慧；学了《望月》，我要重现天地有大美、心外无明月的空灵禅境……当然，文本内容的感召

与朗读意图的驱使往往是相辅相成的，但最终还是要落在朗读意愿的萌发、巩固和持续不断地升华上。

②提高朗读兴趣。如果说，朗读意愿是即时的、瞬间的、当下的，那么，朗读兴趣则是长效的、持续的、恒在的。朗读意愿的不断激活、长期觉醒，就有可能培植起浓厚的朗读兴趣。学生一旦形成朗读兴趣，那么，“我要朗读”就能上升到“我爱朗读”的境界。要提高学生的朗读兴趣，关键是做好以下三个方面的落实：一是朗读氛围的营造。调查表明，教师在学生面前的朗读频率和班级群体的朗读氛围直接影响着学生个体的朗读兴趣，教师愈是爱朗读、常朗读，班级愈是鼓励朗读、支持朗读，学生就愈有可能爱上朗读。二是朗读效果的反馈。学生一旦清楚每次朗读的评价尺度（即“朗读量规”），那么由接受挑战、渴望成功、被人赏识等所萌生的朗读兴趣就可能变得强烈而持续。三是朗读习惯的养成。如每天定时朗读、定期举行朗读比赛等，都有利于朗读兴趣的巩固和深化。

③强化朗读体验。朗读体验指在朗读过程中产生的心理感受、情绪感知、审美感情和人生感悟等。在实际情境中，存在三个层次的朗读体验：一是对朗读的语言体验，如语音的轻重清浊、语调的抑扬顿挫、语流的滞畅断续、语速的疾缓疏密、语韵的虚实刚柔等，这属于朗读体验的物理层次，我们称之为朗读的语言感。二是对朗读的形象体验，《文镜秘府》中说：“夫置意作诗，即须凝心，目击其物，便以心击之，深穿其境。”这里的“凝心，目击其物”对于朗读体验非常重要。朗读如果只是目击其字，却不能将文字还原成画面、场景、情境、细节等，就失去了生命的气息和活力，这属于朗读体验的心理层次，我们称之为朗读的形象感。三是对朗读的意蕴体验，在形象体验的基础上，思索其人生意义，感悟其文化底蕴，觉察其生命智慧，从而将经典的文字作品读得声情并茂、心驰神往，这属于朗读体验的哲理层次，我

们称之为朗读的意蕴感。

④习得朗读技巧。之所以没有将“朗读技巧”置顶，是因为站在“朗读者”——人的高度，我们必须谨慎定位朗读技巧的功能和作用。一方面，没有“朗读者”的意愿和体验，朗读技巧就成了无源之水、无本之木；另一方面，没有“朗读者”的觉醒和确证，朗读技巧就失去了运思的方向、操练的靶心。发音、调息、重音、停顿、节奏、基调等朗读技巧固然需要扎实练习，毕竟这些是朗读的基本功、童子功，一如纪昌学射要练好眼力、梅兰芳学艺要练好眼神。但同时我们一定不能忘却，上述朗读技巧背后还有一个为什么这么运用技巧的价值抉择，即“这样读”和“为什么这样读”需要整体把握、统筹考量。因此，成功的朗读不仅取决于技巧的娴熟，更取决于情感的真挚、生命的良善、心灵的美好，可以这样说，真善美的精神体验和境界才是朗读的最高技巧。这就可以用来解释，作家麦家在《朗读者》中朗读那封写给儿子的信，朗读技巧几乎乏善可陈，但丝毫不影响他带给我们的心灵震撼和人生思索。

⑤确证朗读主体。朗读教学的最终目的和最高境界乃是让学生成为真正的、审美的朗读主体——朗读者。朗读基于人，朗读通过人，朗读为了人。因此，朗读教学不是为了教朗读，而是通过朗读教人。朗读将无声的文字变成有声的语言，这个转变的过程不是机械的声音呈现，而是对文字语言的再发现、再理解、再创造。朗读者从审美性朗读进入反思性朗读，又从反思性朗读跃向历史性的朗读，不断拓展和赋予朗读以新的意义。在这样一个没有极限、永无止境的意义澄明的过程中，朗读者发现了一个更新、更真、更善、更美、更神的自己，这就是朗读主体的再实现、再确证。我们认为，朗读教学的全部意义和价值都在此处。

张颂在《朗读美学》中指出，朗读主体的确证往往经历“忘我—

有我—无我”这样三个层阶：

第一层阶是“忘我”。朗读者设身处地地进入文字作品之中，精神集中地反复体味,开掘其独特的表现。第二层阶是“有我”。是“我”在体味，是“我”在开掘，有我的认知，有我的感受，有我的品评。第三层阶是“无我”。朗读者在朗读作品的神韵中，既是文字作品风格的体现，又有朗读主体的理解、感受和表达样式，但总的印象中，在听者的感觉上，似乎朗读主体已经退隐，凸显的只是文字作品的风格。

这重境界，即是“人我合一”“声情合一”的境界。

综上所述，以培养“朗读主体”为旨归的朗读教学，其价值结构可以表述为以下公式：

朗读主体=朗读意愿×朗读体验×朗读技巧

根据这一公式，我们可以将各学段的朗读目标重新加以梳理和界定。（见表 4–5）

表 4–5　各学段的朗读目标

学段	朗读意愿	朗读体验	朗读技巧
第一学段	1.喜欢朗读，感受朗读的乐趣； 2.愿意朗读儿歌、儿童诗和浅近的古诗； 3.愿意跟伙伴、家长分享自己的朗读。	1.感受平舌音和翘舌音、前鼻音和后鼻音的不同； 2.感受轻声、儿化、音变的韵味； 3.感受长句子内部的停顿、重音和节奏； 4.感受儿歌、古诗的韵律美； 5.感受儿童诗、童话的想象美； 6.朗读浅近的童话、寓言、故事，向往美好的情境，关心自然和生命。	1.学习用普通话正确、流利、有感情地朗读课文； 2.朗读课文声音响亮、吐字清晰； 3.朗读课文遵从原文，不丢字、不添字、不颠倒字或者改字； 4.朗读不拖腔； 5.知道停顿和重音，能读出课文里的停顿和重音； 6.能读出句号、问号、感叹号所表达的不同语气； 7.能读出不同人物角色的语气和情绪； 8.能在朗读中学习展开想象，传递初步的情感体验。

（续表）

学段	朗读意愿	朗读体验	朗读技巧
第二学段	1.对朗读有兴趣，养成主动朗读的习惯； 2．喜欢诵读优秀诗文，养成熟读成诵的习惯； 3.敢于当众朗读，朗读时大方得体； 4.愿意与他人分享朗读的心得和经验。	1.感受语句表达的语气和情绪； 2.感受语段内部的层次节奏； 3.感受长句和短句、整句和散句交替穿插的节奏美； 4.感受诗歌的意境美、童话的形象美、寓言的哲理美； 5.朗读叙事性作品，初步感受作品中生动的形象和优美的语言，关心作品中人物的命运和喜怒哀乐； 6.朗读写景类文章，想象景物的视觉、听觉、嗅觉、味觉、触觉和时空觉，感受景物背后的作者情感，并让自己身临其境。	1. 用普通话正确、流利、有感情地朗读课文； 2.朗读课文做到字音规范、音变正确； 3.语调自然，停顿恰当，重音处理正确，语速快慢得当； 4.能读出陈述句、祈使句、疑问句、感叹句的不同语气； 5.能读出课文中关键词句的情感色彩； 6.朗读一个逻辑语段做到基调统一、节奏完整、有层次感； 7.能入情入境地朗读指定的优秀诗文； 8.能在朗读中展开想象，融入自己的情感体验，并正确传递自己的情感体验。
第三学段	1.喜爱朗读，以做一名朗读者而自豪； 2.养成良好的朗读习惯； 3.喜欢欣赏优秀的朗读作品，并愿意模仿优秀的朗读者； 4.主动参加朗读活动，对自己的朗读充满自信； 5.懂得朗读是为了自我表达和与人交流，并乐意分享朗读时的喜爱、憎恶、向往、崇敬、同情等感受。	1.感受关键词的情绪色彩； 2.感受成语、格言、警句等典雅精练的风格美； 3.感受白话文、文言文的不同语言风格； 4.整体感受轻快、凝重、低沉、高亢、舒缓、紧张等语篇基调； 5.感受诗歌的凝练匀称美、散文的灵动流畅美、小说的起伏曲折美、说明文的精确妥帖美、文言文的精简古朴美； 6.朗读不同题材和体裁的作品，结合自己的人生体验，调动自己的联想和想象，沉入作品的特定意境，回味作品所抒发的审美情感，从中汲取心灵成长的营养和力量。	1.能用普通话正确、流利、有感情地朗读课文； 2.朗读课文做到字正腔圆、声气饱满； 3.朗读时能正确区分语句层次、恰当想象文字所体现的情景； 4.能较好地处理语篇朗读中的语法停顿、逻辑停顿和感情停顿； 5.能较好地处理语篇朗读中的语法重音、逻辑重音和感情重音； 6.能根据语篇中思想情感的变化脉络，较好地处理朗读语调的起伏节奏； 7.能注意并初步读出不同文体的情感基调； 8.朗读优秀诗文，能通过语调、韵律、节奏的变化读出自己的个性特色。

二、“读是再现”与“读是创造”：朗读教学的实践策略

梳理并明确了朗读教学的目标体系，我们就能够以此为据，进一步构筑朗读教学的策略体系和操作路径。

（一）示范是朗读教学的根本策略

实践已经反复证明，语文教师自身的朗读素养直接影响甚至决定着学生的朗读能力和品质。要充分发挥教师的朗读示范作用，关键是将朗读教学纳入备课范畴，对文本朗读和朗读指导进行全面、深度的设计。

①备好朗读批注。我执教纳兰性德的《长相思》时，曾经写过这样的朗读批注：

词牌“长相思”三字的读法最为紧要。整首词的基调和气韵，由这三字始，亦由这三字终。一“长”字，既有绵绵不绝之意，更有深深入骨之味，读时，宜低沉、宜委婉、宜绵长。而“相思”二字，落点当在“思”字上，“相”读长、读扬，“思”读短、读抑，给人以音有尽而韵无穷、声已去而思常在之感。词牌读好了，关乎词之情调、意境的大局也就定了。

《长相思》的上片，叙扈从之事，词境壮观寥廓而兼及凄怨苍凉。“山一程，水一程”，宜读得低沉切实、绵亘起伏。“山一程”渐次扬读，“水一程”渐次抑读，两句之间不换气，营造一种“行行复行行”的回环复沓之韵，诵读时宜保持一种慢速的平直调，由听觉而起一种渐行渐远、关山万重之视像，进而体味天涯行役的枯寂和苍凉。“身向榆关那畔行”，“身”字宜重读，与下片之“心”遥相呼应，突出“身羁行旅、身不由己”之沉重的感喟，“榆关”之后稍顿，“那畔行”三字宜拖着读，气缓但要读出一种绵力来，渲染一种征途遥远、天地苍茫之

意境，这意境至“夜深千帐灯”五字收篷。这五字当虚读，声气不可太实，不然就出不了“夜深沉、人无眠”的怅惘；“千帐灯”三字拖长，“千”字可唱读，给人以一种环顾、眺望之像，此番景象既有边塞辽阔、蔚为壮观的一面，更有梦断关山、孤独凄清的一面。因这“千”字，正是与诗人的“孑然一身”相对看的。千帐反衬一身，愈显作者寂寥之心境。

下片，则抒思乡之情，情思凄婉缠绵而不失沉郁蕴藉。“风一更，雪一更”，声气宜实、宜强，“风”“雪”二字宜重读，显现风雪肆虐、嘈杂刺耳的氛围；“一更”“一更”宜连读，要读得调缓气长，让人有风雪交加、长夜不绝之感。“聒碎乡心梦不成”是全词诵读的高潮，“乡心”则是全调的制高点。“聒碎乡心”读时语速渐快、语调渐强，至“心”字戛然而止，表现一种烦躁、困顿的心情；而“梦不成”三字应读得缓慢，可用颤音，一字一顿，与前四字的朗读形成一种声气上的巨大落差，以突出诗人乡梦不成、乡心难慰的无奈和伤感。“梦不成”三字的声气可直入词的结句“故园无此声”，“故园”之后稍顿，但不宜换气，营造一种回忆、回味的韵致。“无此声”三字用舒缓平直的语调唱读，“无”字拉长，“声”字挫读，要读得意沉声柔，相思之情、相思之味在这三字的诵读中让人有回响不绝、回味无穷的感觉。

②备好朗读指导。朗读指导不可面面俱到，不可蜻蜓点水，必须抓住文本语言的关键点、疑难点、规律点、突破点，有的放矢、重锤敲击。如此，方能收一石数鸟、事半功倍的读效。以统编教材一年级第一课《秋天》为例，朗读指导应着力以下几个节点：第一，轻声的指导，如凉了、黄了、叶子、那么、来了；第二，儿化的指导，如一会儿；第三，变调的指导，如一片片、一群、一会儿；第四，叹号的指导，如“啊！秋天来了！”；第五，节律的指导，如“那么……那么……”“一会儿……一会儿……”。

③备好朗读量规。每一次具体的朗读指导，都应该做到读前有尺度，读后有评点。其中，比较好的做法就是为学生提供朗读量规，即针对具体朗读内容所制订的评价标准。如朗读于谦的《石灰吟》，我们可以设计这样的朗读量规：

a. 读准“锤”“焚”“浑”等生字；

b. 读出七绝“四三停延”的节律；

c. 朗读时有意识地强调“山”“闲”“间”等韵脚；

d. “千锤万击”“烈火焚烧”“粉骨碎身浑不怕”能重读；

e. “清白”能读出扬调，“在人间”能读出延缓、上扬的语调。

（二）情感是朗读教学的核心灵魂

课标对朗读的基本要求是“正确”“流利”“有感情”。但很少有人去关注三个要求之间的内在联系。事实上，朗读的三个要求在实际的课堂教学中往往呈现为某种混沌的秩序。说“混沌”，是因为真实的朗读不可能刻意地区分“正确”“流利”“有感情”，正确中含着流利，流利中含着感情，感情中含着正确，它们圆融一体；说“秩序”，是因为读不正确就读不流利，读不流利就读不出感情，它们是层层叠加、步步递进的。但是，无论混沌还是秩序，必须明确一点，朗读要求的核心始终是感情，朗读要求的顶层只能是感情。一言以蔽之，情感是朗读教学的灵魂。

需要特别加以说明的是，朗读中所谓的有感情，不能简单地等同于生理层面的自然感情，而是融入和沉淀了思想、知性、旨趣、哲理、智慧、态度、价值观的审美感情。这样的感情，既是朗读的内在动力，也是朗读的最高技巧，更是朗读的终极目的。

根据吴洁敏等人的研究，有感情朗读（即“情韵朗读”）的途径依次为如下五个步骤：

①感悟：准确感悟文本的题旨和语境。有感情朗读的感情源自文

本的题旨和语境：题旨是文本的写作目的和意图，是隐匿最深的感情；语境是文本一切语言关系的总和，是文本所营造的“物象世界”“想象世界”“意义世界”，是感情的基本载体。对文本题旨和语境的感悟，既是有感情朗读所以萌生的动力源泉，也是有感情朗读致力于实现的表达效果。如《詹天佑》中有这么一句话：“詹天佑不怕困难，也不怕嘲笑，毅然接受了任务。”“不怕困难”的字面意思不难理解，但如能让学生感悟到困难的具体内涵：帝国主义的阻挠、外部势力的要挟、自然环境的险要、外国工程师的不敢尝试、综合国力的衰弱、国民的普遍缺乏自信，等等，那么，当学生朗读这一句时，自然就能被詹天佑不顾名利、不惧要挟、不怕艰险、不畏阻挠的爱国情怀所感动，并油然而生一种强烈的民族自豪感。

②想象：生成三维整合的再造想象。研究表明，并非任一“再造想象”都有利于感情的激活和涌动，只有将“表象”“题旨”“语境”三维整合的“再造想象”才能成为有感情朗读的动力源泉。如：朗读李白的《送孟浩然之广陵》，在感知全诗意象之后，学生通过“孤帆”“长江”提取出相关的生活表象；在观察课文插图之后，学生形成“黄鹤楼”“送别”的图画表象；在想象李白和孟浩然告别时说些什么之后，浮现出依依惜别的话语表象；在设身处地地感受李白眺望孤帆直至消失的场景之后，泛起惆怅寂寥又豁达开阔的情绪表象。上述各种表象已经将诗歌的主旨和意境融为一体，感情的生发就成了水到渠成的事情。

③求气：获得承载感情信息的气韵。三维整合的“再造想象”会触景生情，所以“因情求气”能获得承载感情信息的气韵（即“肺气流”），这是形成感情语调的动能。如朗读杜甫的《春夜喜雨》，诗的感情全都凝聚在一个“喜”字上：“好雨知时节，当春乃发生”是欢喜，因为雨下得正是时候；“随风潜入夜，润物细无声”是暗喜，因为雨无

声无色、悄然而至；“野径云俱黑，江船火独明”是惊喜，因为“俱黑”中透出一点“独明”来；“晓看红湿处，花重锦官城”是欣喜，因为想象中的“红湿”该是多么光艳、希冀中的“花重”该是多么丰满。把握了“喜”这一情感基调，就能因情求气、顺情发气、动情荡气，获得指向“欢喜”“暗喜”“惊喜”“欣喜”等一系列感情信息的肺气流。有感情朗读，显之于外的是声音，隐之于内的是气韵。气韵不动，声音就失去了灵魂，即便发声，也不过是拿腔弄调、装腔作势而已。

④创调：创生独特的情韵朗读语调。实验发现，提取的表象不同，再造想象不同，朗读者的主观体验不同，因情求气所获得的肺气流不同，最终形成的感情语调也不同。来看《钓鱼的启示》朗读教学片段：

师：通过刚才的情境表演，同学们对父子间的对话又有了新的认识，相信这一次朗读一定会有新的感悟。光一个“爸”字，已经饱含着太多的感情。自己先试试！

（生自由练读，然后师指名朗读。）

生1：（朗读）爸！（读重音，着急地。）

师：你为什么要这样读？

生：因为我觉得，爸爸要求儿子把鱼放回去，儿子的心里是很着急、很不高兴的。

师：从你的朗读中我也感受到了他的着急！谁再来读？

生2：（朗读）爸！（读重音，埋怨地。）我想儿子的心里肯定是在埋怨爸爸不让他留下那条鱼。

师：的确有这种感受！可是，小男孩的心里仅仅只是着急、埋怨吗？再想一想，你们觉得儿子还有哪些想说又没有说的话呢？

生3：我想儿子心里还是很委屈的，因为他毕竟从未钓到过这么大的鱼呀！

生4：我认为儿子当时可能不仅仅是不满意，他还是很愤怒的，要是我的话，肯定要大发脾气了！

生 5：我想儿子可能还想再求求他的爸爸，让他留下这条大鱼。

师：你们把小男孩心里的声音都说出来了！那你能再通过这一声“爸”来表现他的内心世界吗？

生 6：（朗读）爸！（读得声音发颤，似乎充满委屈和乞求。）

生 7：（朗读）爸！（读得愤怒高亢，似乎对爸爸的话充斥着不满和不理解。）

生 8：（朗读）爸！（拖长了声音读，似乎想让爸爸听到自己的心声。）

一个简单到不能再简单的“爸”字，竟然读出了五种以上的语调，或着急，或埋怨，或委屈，或愤怒，或乞求。因为每个学生的主观体验不同，获得的承载情感信息的肺气流也不同，所以各自创生的情韵语调也个性纷呈。

⑤反听：回馈情韵朗读的感情信息。学生结束朗读，但朗读教学却不能就此结束，因为朗读本质上也是一种表达、一种交流、一种沟通。因此，没有听者的参与和理解，朗读就不算最终完成。所以，我们常常会这样追问：听了他的朗读，你仿佛看到了什么？听到了什么？闻到了什么？想到了什么？感受到了什么？我们也常常会这样引导：他的朗读把我们带入了一个怎样的场景？我们来到了一个怎样的地方？我们感受到了一种怎样的氛围？我们体会到了一种怎样的心情呢？其实，这是一种指向感情的朗读反思和评价。这样的反思和评价，有助于学生更好地理解文本的情感内涵，更美地挖掘文字的形式意蕴。

完成以上五个步骤，也就实现了有感情的朗读。这五个步骤之间都是条件和因果关系：有了准确感悟文本的题旨和语境，才能生成表象和题旨语境三维编码的再造想象，由此形成的再造想象就会激发感情，再“因情求气”就能获得承载感情信息的肺气流，通过朗读就会产生独特的情韵语调，而独特的情韵语调会使听者和读者反馈接收到感情信息，从而完成感情朗读，确证朗读主体的在场。

（三）文体是朗读教学的内在尺度

什么文章该怎么读、读出怎样的基调和样貌？这就是朗读教学中长期被遮蔽的文体意识。事实上，文体意识是朗读教学的内在尺度，直接影响着朗读的基本模式和整体效果。因此，有必要切实探索朗读不同文体的规约和策略。

①把握不同文体的朗读基调。我们通过列表（见表 4–6）的方式概述不同文体的体裁特征和朗读基调：

表 4–6　不同文体的体裁特征和朗读基调

文体	体裁特征	朗读基调
古诗	音律整饬，意境典美。	读出古诗特有的平仄、声韵和节律，体现意境的典雅之美。
儿童诗	想象新奇，节律灵动。	以适度夸张和童稚的语气，读出天真烂漫、惊奇善变的童诗韵味。
一般散文	行文自由，精神凝聚。	顺势中读出不顺势，在自由流畅的基础语感中，或转或停，或扬或抑；平稳中读出不平稳，要在平稳的语流中，为活脱、跳跃留出一席之地。
童话	幻想丰富，形象夸张。	以充满想象和幻想的语气娓娓道来，营造出某种亦真亦幻、虚实相映的语言氛围。
小说	叙事生动，形象鲜明。	用讲故事的语感节奏读出叙事的变化过程，通过揣摩人物的性格特点读出不同人物的不同话语风格。
写景文	语言优美，借景抒情。	以身临其境的感觉读出文字的画面感、情味感。
说明文	条理清晰，行文严谨。	以相对平实的语气、平稳的语调读出文字的层次感、逻辑感。
文言文	语言精练，文意古奥。	读出文言虚词的基本节奏和韵味，读出文言语句特有的内部停顿和重音，读出文言文典雅古朴的整体风貌。

②辨识相同文体的朗读个性。如《巨人的花园》与《卖火柴的小女孩》都是童话，因此都应该把握童话的朗读基调。与此同时，还应该辨识并读出这两个童话各自的“形象”特点和情感风貌:《巨人的花园》充满好奇，虽有情节冲突，结局却皆大欢喜，因此要读出天真的喜感;《卖火柴的小女孩》充满期待，却层层落空，结局凄美，因此要读出幻灭的伤感。

③统筹同一文本的朗读复调。以《开国大典》为例：文章的开头介绍开国大典的时间、地点、参加人员等，类似于通讯报道，朗读时情感要内敛，语气要平实；文章的高潮则是毛主席宣布中华人民共和国中央人民政府成立，紧随其后的是一整段对宣告声的强势描写，类似于抒情散文，朗读时要充满激情，读出气势磅礴、恢宏的语感节奏；文章的结尾叙述游行队伍从进场到退场的过程，类似于叙事小说，朗读时既要读出叙事的变化进程，也要读出不同人物高呼口号时的现场感、分寸感。

总之，朗读是一种有意识、有目的的有声语言表达活动，是一种理清思路、调整心路的艰苦劳动，是一种由文字语言的存在状态向有声语言的存在状态转化的过程，是一种语言、形象和意蕴的再创造活动。朗读教学则是将这一再创造活动自觉引向语文能力和素养的形成过程，确证朗读主体、培养朗读者，是这一过程的最终目的。